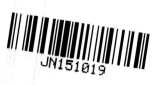

Risk Management

入門
リスクマネジメント論

多様化するリスクにどう立ち向かうか

石川清英

HM 保険毎日新聞社

まえがき

リスクという言葉には、様々な定義がなされていますが、一般には損失発生の可能性として理解され、マイナスのイメージで捉えられているようです。しかしながら、リスク（risk）という言葉は、昔のイタリア語の risicare に由来しており、この言葉は「勇気をもって試みる」（to dare）という意味を持っています。すなわち、リスクはチャレンジすることを意味しています。

また、「リスクはクスリ」とおっしゃった先生がおられました。適量を取ると効果的ですが、取りすぎるとそれは副作用を生じ毒となります。

これらは、企業におけるリスクとリスクマネジメントを端的に表現しています。

商売を行うこと自体がリスクを取ることで、リスクのないところにはリターンは発生しません。しかしながら、無謀なチャレンジは結果として企業を破綻に至らしめることになります。例えば、潰れるはずがないといわれた金融機関が、バブル崩壊に伴い多数破綻しましたが、そのほとんどは無理な拡大策をとった企業です。適切なリスクマネジメントが行われていなかったといえます。

リスクマネジメントとは、企業活動や家庭生活を取り巻く多種多様なリスクを洗い出して分析・評価することにより、それぞれのリスクに対して的確な対策を講じることをいいます。そして、その究極的な目的は破綻の未然防止です。言いかえると、企業や家庭が存続するためのマネジメントを行うことになります。

リスクを取り巻く背景は、時々刻々と変化しています。例えば、本書の執筆中も地震や風水害の発生や政府のハラスメントに関する新たな指針の発表がありました。また、ロシアのウクライナ侵攻やイスラエルのレバノン侵攻など国際情勢の変動も著しく、企業におけるリスクマネジメント体制は、常にアップデートすることが求められます。したがって、リスクマネージャーは、これらの情報に敏感でなければなりません。

企業リスクマネジメントにおける、もう一つの重要な点は、費用対効果の考え方です。すなわち、リスクマネジメントコストと対象リスクのリスク量を見極めて取り組むことが重要です。リスクを皆無にすることは不可能であるということに鑑み、些細なリスクは放置するという決断を行うこともリスクマネジメントにおいては重要です。

さて、本書は、リスクとリスクマネジメントの基本的な事項を理解してもらうことを意図して書かれています。全体を大きく２部構成とし、前半はリスクとリスクマネジメントの理論と手法、後半は昨今注目されている個別リスクへの対応について述べています。

第１部では、リスクとリスクマネジメントの概要、企業リスクマネジメントの手法の理論的な背景を述べています。また、企業の実際のリスクマネジメントとはどのようなものかについて、金融機関を例として取り上げています。さらに、企業リスクマネジメントの必須事項となる、BCP、内部統制について述べるとともに、企業における従業員のリスク対策としての家庭リスクマネジメント、リスクファイナンスとしての保険とデリバティブの概要を取り上げています。第１部だけでも、リスクマネジメントの体系を一通り学ぶことができる構成としています。

第２部では、企業経営において、最近特に注目されているリスクを個別に取り上げています。ここでは、企業が考える重大リスクとして、地震や風水害などの自然災害リスク、情報漏洩リスク、個人情報漏洩リスク、製造物責任リスク、不祥事リスク、メンタルヘルス・ハラスメント等労働問題に係るリスク、サイバーリスク、風評リスク等を具体的に述べています。

なお、これら個別リスクの対応には、それぞれのリスクに関連する法的な根拠や背景が必要となるため、章末に主な法令の抜粋を掲載しています。

さらに、興味と理解が進むように、各章に関連する Column を随所に設けています。

本書は、リスクマネジメントを初めて学ぶ社会人や学生の方々に十分理解してもらえるように、分かりやすく執筆、編集したつもりです。個別リスクへの対応については、さらに詳しい知識や経験が必要ですが、本書がこれらを学ぶきっかけになればと思います。企業の社員研修や大学のテキスト、参考図書などにご活用いただければ幸いです。

末筆ながら、本書の出版に際し、ご支援とご指導をいただきました保険毎日新聞社の後藤宏二氏、大塚和光氏に心からお礼申し上げます。

2025年3月

石川　清英

目　次

第1部　リスクマネジメント理論の概要

第１部では、企業におけるリスクとリスクマネジメントの基本を学びます。

基本的な考えを一通り理解できるよう、まず、リスクとリスクマネジメントの理論と手法について述べています。

そして、これらの理論や手法を実践的に活用できるように、企業リスクマネジメントの事例として金融機関におけるリスクマネジメントの概要を述べるとともに、あらゆるリスクマネジメントに共通する、BCP（事業継続計画）、内部統制とERM（エンタープライズ・リスク・マネジメント）について述べています。

さらに、個人のリスク対策としての家庭リスクマネジメント、リスクファイナンスの手段としての保険とデリバティブについて説明を加えています。第１部だけをお読みいただいても、リスクマネジメントに関する一通りの基礎知識が得られる構成としています。

第１部で、これらを理解した上で第２部の個別リスク対応に進むと、より体系的にリスクマネジメントについて学ぶことができます。

第1章 リスクとリスクマネジメントの概要

1. リスクの定義と意味

（1）リスクとは

リスクとは第一義的には危機や事故発生の可能性と定義されますが、広くは「社会活動の結果の不確実性」を含めて考えるのが一般的です[1]。どちらかといえば、マイナスのイメージで捉えられますが、企業活動においてはむしろリスクを積極的に取り、これを大きな収益の源とすることが可能です。

例えば、リスク（risk）という言葉は、昔のイタリア語のrisicareに由来しており、この言葉は「勇気をもって試みる」（to dare）という意味を持っています。この観点からすると、リスクは運命というよりは選択を意味しています[2]。

また、「リスクはクスリ」[3]とおっしゃった先生がおられました。薬のように適量を取ると効果的ですが、取りすぎるとそれは副作用を生じ毒となります。少なくとも営利企業である限り、収益を獲得するためのリスクテイクは避けて通れないものですが、これを極度に取り続けると当然事業全体に支障をきたすこととなります。

したがって、これをコントロールするマネジメントの手法が必須のものとなります。

（2）ペリルとハザード

リスク（risk）、ペリル（peril）やハザード（hazard）は日本語ではいずれも危険と訳されますが、厳密には違った意味を表します。

ここで、これらの言葉の意味を整理しておきます。

---

1 有馬敏則（2012）p.1
2 ピーター・バーンスタイン著；青山護訳（2001）p.27
3 酒井泰弘（2003）p.6

前述したようにリスクは「危機や事故発生の可能性」、「結果の不確実性」を表します。

次に、ペリルは「損失の原因」を表します。具体例としては、地震、火災、落雷、台風、高潮、衝突、洪水・水害などです。

ハザードは、「事故発生の可能性を高める状態」、「事故発生に影響する潜在的要因」を意味します。具体的には、凍結した道路、河川の近くの住宅などです。「ハザードマップ」はよく耳にする言葉ですが、津波や河川の氾濫、土砂災害、高潮などがその地域に及ぼす「危険な状態」を地域ごとに、危険の度合いで可視化した地図のことです。

リスク、ペリル、ハザードについて自動車事故を例に挙げて説明すると、ハザードは凍結道路、ペリルは自動車事故、リスクは事故が発生するかしないかの不確実性となります。そして、実際に事故が発生するとロス（損失）が発生することになりますが、これは賠償や修理などの費用の発生を意味します。

なお、ハザードは、物理的ハザード、道徳的ハザード、精神的ハザードの三つに分類されます。物理的ハザードは既に説明した、道路凍結などですが、道徳的ハザードとしては、放火、詐欺など、精神的ハザードとしては、不注意、無関心、風紀の乱れ等が挙げられます。

[図表 1-1]　ペリルとハザードの関係

ハザード	ペリル
凍結した道路	自動車事故
河川の近くの住宅	洪水・水害
建物内の多量のガソリンの存在	火災

[図表 1-2]　ハザードの分類

物理的ハザード	ブレーキの故障、道路の凍結、河川の近くの住宅、建物内の多量のガソリンの存在など
道徳的ハザード	放火、詐欺、誘拐など
精神的ハザード	不注意、無関心、士気の低下、風紀の乱れなど

出所：赤堀勝彦（2017）p.11 より。

（3）リスク・エクスポージャー

リスク・エクスポージャーとは、資産上の損失発生の可能性がある状態や状況です。具体的には、リスクにさらされている資産の度合い、リスクにさらされている金額、残高などを指します。金融機関を例に挙げると、貸出金の残高、保有株式の残高などです。リスクを金額的に見積もる場合の基本となるものです。

2. リスクの分類

（1）純粋リスクと投機的リスク

リスクは様々な角度から分類されていますが、最も重視されている分類は純粋リスク（pure risk）と投機的リスク（speculative risk）です。

① 純粋リスク

純粋リスクは、それが生じた場合に「損失のみを発生させるリスク」（loss only risk）です。「純粋」には、損失と利得を混在していないという意味が含まれています。主として、自然災害や偶発事故によるもので、例としては、火災・爆発、地震・風水害、自動車事故、詐欺、盗難、会社役員の背任などのリスクが挙げられます。

これらの純粋リスクは、個々を対象とすると発生するかどうかの予測は困難ですが、数多くの対象について観察すると、ある程度の予測は可能です。例えば、ある家について、今後１年間に火災があるかどうかは予測できませんが、全国・全県などを対象に、過去の火災件数のデータを蓄積すれば、今後１年間に10万戸のうち何戸火災が発生するかの予測はかなりの範囲で可能になります。つまり、ある集団について、一定期間大量に観察するとその集団における事故発生確率が統計的に測定可能です。これを大数の法則といいますが、多くの純粋リスクはこのような法則が適用可能であり、保険が成り立つリスクといえます。

また、純粋リスクの発生によって一経済主体が損失を被る場合には、通常社会全体も損害を被ることが多いと考えられます。

② 投機的リスク

投機的リスクは、「損害又は利得のいずれかを発生させるリスク」(loss or gain risk) です。企業はこのリスクを取らなければ、利益を得ることができません。例えば、新商品の開発には常にリスクを伴いますし、企業経営を行っている限り為替変動、金利変動、株価変動などのリスクも避けて通れません。また、売却代金の回収不能リスクも経常的に発生します。したがって、投機的リスクはビジネスリスクともいわれます。

投機的リスクは、多くの対象について観察しても予測が難しいことから、一般的には純粋リスクのように大数の法則が適用されない場合が多く、保険は成り立ちにくいとされます。

また、一経済主体が損害を被った場合でも、社会全体からみれば利益を生ずることがあります。

[図表 1-3] 純粋リスクと投機的リスク

	純粋リスク	投機的リスク
発生する損失と利得	損失のみ	利得と損失
大数の法則の適用	可能（保険、デリバティブ）	比較的難しい
個別損失と全体的損失との相関	強い	弱い
リスクの例	火災、爆発、地震、風水害、自動車事故、詐欺、盗難、製造物責任、など	為替変動、金利変動、株価変動、融資金の回収不能、売上代金の回収不能、など

（2）その他のリスクの分類

① 静態的リスクと動態的リスク

静態的リスク (static risk) は、社会や経済の変動に起因しないリスクで、動態的リスク (dynamic risk) は、社会や経済が変化、発展するときに発生するリスクです。静態的リスクの多くは純粋リスクで、動態的リスクの多くは投機的リスクです。

② 主観的リスクと客観的リスク

主観的リスク（subjective risk）とは、個人や組織の判断によって見積もられるリスクで、測定不能です。客観的リスク（objective risk）は、事実や数値によって計測可能なものとすることができるリスクのことで、統計・確率である程度予測可能なリスクです。

③ その他のリスク

その他リスクの分類には、人的リスク（personal risk）と物的リスク（property risk）、自然的リスク（natural risk）と人為的リスク（human risk）、一般的リスク（general risk）と個別リスク（individual risk）等の様々な分類があります。

なお、前述した純粋リスクと投機的リスクの分類が、リスクマネジメントを行う上で最も基本的かつ重要な分類です。

3. リスクマネジメントとは何か

（1）リスクマネジメントの効果

リスクマネジメントとは、企業活動や家庭生活を取り巻く多種多様なリスクを洗い出して分析・評価することにより、その重要度や危険度を把握し、それに基づき損害を回避したり、被害を最小限に止めたりする対策を講じることをいいます。リスクマネジメントを行うことで、企業や家庭の破綻を防止し、社会的損失を抑制し、社会全体の安定に貢献することができます。企業における究極的な目的は、倒産を回避するためのマネジメントを行うことです。

なお、リスクマネジメントを行うにはコストがかかるため、費用対効果の観点から、最小の費用でこれらを実現しなければなりません。特に企業活動においては、リスクの金銭的な評価を行い、この対策を講じるためのリスクマネジメントコストとの比較を行うことが重要になります。

（2）リスクマネジメントの歴史

リスクマネジメント論は、比較的新しい学問であり、近年様々な分野で新しい理論が生まれています。したがって、現在の理論を理解するためには、その歴史やルーツを知ることが大切です。

リスクマネジメントは、第1次世界大戦後の1920年代に発生した悪性インフレ[4]下のドイツにおいて、企業防衛のための経営管理のノウハウとして登場した経営政策論であるリジコポリティク（危険政策：Risikopolitic）がルーツとされます。これは、投機的リスクや動態的リスクをも含めた企業防衛のマネジメント論です。

次のルーツは、1930年代の大恐慌下のアメリカにおいて、企業防衛のための費用管理の一つとして登場した保険管理（insurance management）です。これは純粋リスクや災害をカバーするための保険の利用法で、1950年代には米国でリスクマネジメントとして定着しました。いわゆる伝統的リスクマネジメントと呼ばれるものです。米国では、企業がリスクマネジメントを行うと、保険料率が低くなるという背景があり、これがリスクマネジメントの手法と理論を発展させる動機にもなっています。

1970年代に入ると、これらの理論はヨーロッパや日本に伝えられ、全世界に広まっていきました。我が国では、この頃からリスクマネジメントに関する研究が発展してきました[5]。

1980年代後半には、経営革新、貿易摩擦、円高問題等が発生する中で、実務においても企業はリスクマネジメントの手法を導入し、企業防衛、倒産防止の対策を講じるようになりました。

1990年代には、オゾン層破壊、地球温暖化、酸性雨、海洋汚染、生物多様性など、環境問題が脚光を浴びるようになってきました。これらの環境リスクや地球規模のリスクについて、企業は社会的責任を果たすためのリスクマネジメントが求められるようになってきました。

また、この時期に欧米諸国では、金融市場の混乱、企業不祥事の悪質化、企

4　第1次世界大戦後、ドイツは財政赤字を埋めるため紙幣を増刷し、これがハイパーインフレを招いた。国の経済と庶民の生活が破壊され、これがナチスの台頭にまでつながったとされる。

5　1978年に日本リスクマネジメント学会が発足している。

業倒産の多発、不正会計の増加などに加えて、自然災害の巨大化など、企業を取り巻く経営環境が大きく変化してきました。

このような背景から、伝統的な保険管理型リスクマネジメントとは異なる、近代的なリスクマネジメントが求められるようになってきました。

我が国では、いわゆるバブルの崩壊に伴う金融機関の不良債権の増加が顕著になり、経営不振にあえぐことになります。そして、金融機関経営にリスク計量に基づくマネジメントが取り入れられ、RAROC[6]やRAROA[7]などを意識した経営が行われるようになります。

2000年代に入ると、米国でも有数の大企業であったエンロンの巨額不正経理・不正取引の発覚（エンロン事件）、米国の大手通信会社であったワールドコムの不正会計が発覚し倒産に至るという事件（ワールドコム事件）が発生しました。これらの事件を契機として、「内部統制の強化」と「監査人の独立と行動規範の厳格化」を目的としたサーベンス・オックスレイ法（SOX法）が2002年に成立しました。

さらに、米国では、アメリカ会計学会（AAA）、アメリカ公認会計士協会（AICPA）、財務担当経営者協会（FEI）、管理会計士協会（IMA）、内部監査人協会（IIA）の支援を受けたトレッドウェイ委員会支援組織委員会（Committee of Sponsoring Organizations of the Treadway Commission：COSO）が、2004年にCOSO-ERM（Enterprise Risk Management）として全社的リスクマネジメントのフレームワークを発表しました。このERMは、前述した伝統的リスクマネジメントに対して現代的リスクマネジメントといわれています。

また、2009年には、リスクマネジメントの国際標準規格であるISO 31000:2009[8]及びISO Guide73[9]が発行されました。これは、激変する経営環境に対応するためリスクマネジメントの重要性が世界中で高まる中、様々な分野で開発されたリスクマネジメントに関する用語や方法を統一することを目

6　Risk-Adjusted Return on Capital（リスク調整後資本利益率）
7　Risk-Adjusted Return On Assets（リスク調整後総資産利益率）
8　2018年２月に、改訂版としてISO 31000:2018が発行され、現時点ではこれが最新となる。
9　リスク管理に関連する一般的な用語の定義を提供するもので、最新版としては、2022年２月にISO 31073が発行されている。

的としています。

[図表1-4] 伝統的リスクマネジメントと現代的リスクマネジメント

伝統的リスクマネジメント	現代的リスクマネジメント
経営管理の一部	経営戦略と一体化
純粋リスク	投機的リスク
物的資産・財務資産	無形資産を含む
株主利益を重視	ステーク・ホルダーとの関係を重視
方針がないか、あっても抽象的	方針が具体的
経理・財務・内部監査部門が担当	各部門が担当
属人的	プロセス重視
共通言語なし	共通言語によるリスクコミュニケーション
個別・断片的	総合的
事後対策型（場当たり的、対症療法的）	事前予防型（計画的）
事例分析型	環境変化対応型

出所：杉野文俊（2009）p.111より。

Column

ISO 31000

ISO 31000は、リスクマネジメントの国際標準規格で2009年にISO 31000:2009が発行され、その後2018年2月に改訂版としてISO 31000:2018が発行されましたが、現時点ではこれが最新となります。

ISO 31000は、リスクマネジメントを「原則」「枠組み」「プロセス」の三つの要素から構成されるものとして捉えています。

「原則」では、まず、「リスクマネジメントの意義は、価値の創出及び保護である。リスクマネジメントは、パフォーマンスを改善し、イノベーションを促進し、目的の達成を支援する。」とし、リスクマネジメントにおいて遵守すべき事項として、a）統合、b）体系化及び包括、c）組織への適合、d）包含、e）動的 、f）利用可能な最善の情報、g）人的要因及び文化的要因、h）継続的改善の8つの原則が書かれています。

枠組みの策定は、組織全体におけるリスクマネジメントの統合、設計、実施、評価及び改善を含むとし、PDCA サイクルに当てはめてリスクマネジメントを提示しています。

また、プロセスでは、方針・手順及び方策を、コミュニケーション及び協議、状況の確定、並びにリスクのアセスメント（リスク特定、リスク分析、リスク評価）、リスク対応、モニタリング及びレビュー、記録作成及び報告の活動に体系的に適用することとしています。

なお、ISO 31000 では、リスクを「目的に対する不確かさの影響」と定義しています。これは、リスクをマイナスの結果のみを生じる純粋リスクだけでなく、投機的リスクをも対象とする現代的リスクマネジメントに対応しています。

さらに、リスクマネジメントを「リスクについて、組織を指揮統制するための調整された活動」と定義しています。すなわち、組織全体に定着させる仕組みを想定していることから ERM の考え方と一致するものです。

ISO 31000 の原則、枠組み及びプロセス

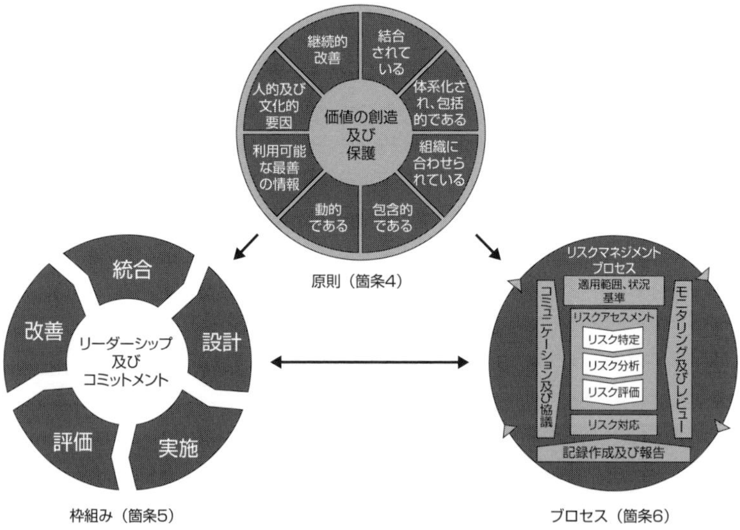

（出所：日本工業規格 Q 31000:2019（ISO 31000:2018）p.2 より）
（https://kikakurui.com/q/Q31000-2019-01.html）

Column

エンロン事件（エンロンショック）とは

エンロン（Enron Corporation）は、アメリカのテキサス州ヒューストンに存在した、総合エネルギー取引とITビジネスを行う企業です。

規制緩和をビジネスチャンスと捉え、小規模なガス・パイプライン会社として1985年に創立されました。その後合併・買収により急成長し、2001年にはフォーブス誌上において、収入規模でアメリカ第5位にランクされ、社員数21,000名という、全米でも有数の大企業となりました。

しかし、その後証券取引委員会の調査の結果、1980年代後半から巨額の不正経理・不正取引による粉飾を行っていたことが発覚し、2001年12月2日に日本の会社更生法に相当する米連邦倒産法第11章（Chapter 11 of the United States Bankruptcy Code）適用を申請し破綻しました。破綻時の負債総額は少なくとも310億ドル、簿外債務を含めると400億ドルを超えていたのではないかともいわれています。2002年7月のワールドコム破綻まではアメリカ史上最大の企業破綻でした。

（赤堀勝彦（2017）p.129、Wikipedia[10] などを参考に記述）

Column

ワールドコム事件とは

ワールドコム（Worldcom）は、アメリカにあった大手電気通信事業者です。68,000人の従業員を擁し、65カ国で事業を展開していましたが、2001年から2002年にかけての大規模な利益水増しなどによる不正会計が発覚し経営難に陥り、2002年7月21日に連邦倒産法第11章適用を申請しました。負債総額は410億ドル、資産総額は連結ベースで1,070億ドルにのぼり、2001年に破綻したエンロンを大きく上回るものとなりました。

（赤堀勝彦（2017）p.130、Wikipedia[11] などを参考に記述）

（3）リスクマネジメントの分類

リスクマネジメントには、企業リスクを管理する企業リスクマネジメント、国公営事業のリスクを管理する官公庁リスクマネジメント、家庭リスクを管理する家庭リスクマネジメントなどがあります。

一般的には、リスクマネジメントは企業リスクマネジメントを指す場合が多いと思われますが、様々な分野を対象としてこれらの手法を活用するようになってきました。例えば、最近は家庭を取り巻くリスクも多様化・複雑化し、これに対応するための家庭リスクマネジメントも重要性を増してきました。

また、現在はリスクが多様化、巨大化、国際化してきていることに加えて、自然的環境や社会的環境（人権侵害、企業不祥事、犯罪、メンタルヘルス）の変化によりリスクが社会化してきています。このようなリスクを克服するためのソーシャル・リスクマネジメントも必要になってきました。

さらに、企業経営におけるリスクを全社的に管理する動きが、欧米の先端的な企業を中心に導入されてきたことを背景として、先に述べたERM（Enterprise Risk Management、全社的リスクマネジメント、統合リスクマネジメント）が導入されています。

（4）リスクマネジメントの重要性

近年リスクマネジメントがますます重要になりつつあります。企業においても、官公庁においてもこの部門を独立させるところが顕著になってきました。その背景には前述したようにリスクの多様化と大型化があります。具体的には以下のような例が挙げられます（赤堀（2017）を参考に記述）。

【リスクの多様化と大型化の例】

①　経営のグローバル化

企業経営のグローバル化に伴う国際的なリスクの増加があります。各国の政

10　Wikipedia（https://ja.wikipedia.org/wiki/%E3%82%A8%E3%83%B3%E3%83%AD%E3%83%B3）

11　Wikipedia（https://ja.wikipedia.org/wiki/%E3%83%AF%E3%83%BC%E3%83%AB%E3%83%89%E3%82%B3%E3%83%A0）

治経済情勢などの違いにより、その対応も複雑化してきています。

② 規制緩和の進展

各業務分野において、規制緩和が進展しており、企業経営の自由度が高まると同時に自己責任でリスクへの対応を行う必要が生じています。

③ 情報開示の時代

政府や自治体、企業の説明責任（アカウンタビリティ）が求められる情勢下で、情報開示の重要性が増し、それに伴うリスクも増大してきています。

④ 帰属意識の変化

終身雇用・年功序列時代の終焉に伴い、職員や従業員の所属先への帰属意識の希薄化が進展しているといわれています。不祥事の増加や内部告発のリスクも増加してきています。

⑤ M&A 時代の到来

まず、乗っ取りなど意図せざる企業買収のリスクが存在します。また、M&A が頻繁に行われる中で、相手企業の情報が不透明なまま M&A が実施されることもあり得ることを考えると、合併企業、被合併企業の両者にそれぞれのリスクが存在します。

⑥ 労務管理上の問題増加

セクハラやパワハラ、メンタルヘルスなど、労務管理上の問題が従来以上に顕著になりつつあり、これらに伴うリスク対応は組織体が避けて通れないものになってきています。

⑦ 情報セキュリティの問題増加

頻繁に発生する情報漏洩、ウイルス被害、サイバーテロなど、情報化に伴うセキュリティ問題が多発しています。

⑧ 自然災害の巨大化・突発化

近年、大型地震や風水害の大型化がみられる中、これらに伴う事業継続リスクが重要なものとなっています。BCP（事業継続計画）の策定は組織体において必須のものとなっています。

第2章 企業リスクマネジメントの手法

1. リスクマネジメントのプロセス

リスクマネジメント・プロセスは、①リスクの確認、②リスクの評価、③リスク処理手段の選択、④リスクマネジメント計画の実行、⑤結果の監視の五つに分類されます[12]。

リスクは大きくは、投機的リスクと純粋リスクに分類されますが、それぞれを分けて評価、処理を行わなければなりません。ここで、投機的リスクは積極的に取りに行くリスクで、純粋リスクは必然的に発生するリスクです。

[図表 2-1] リスクマネジメント・プロセス

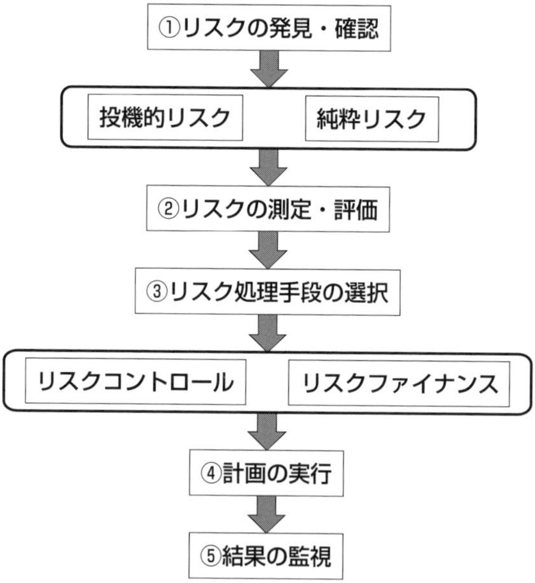

出所：亀井利明・亀井克之（2009）p.93 を参考に筆者作成。

---

12 亀井利昭・亀井克之（2009）p.92 Ricky W Griffin & Ronald J Ebert “Business” 7th Edition,2004,p.599. によるとしている。

①リスクの確認にはリスクの調査・発見を含み、②リスクの評価はリスクの測定・予測・分析等を含みます。③のリスク処理手段には、リスクコントロールとリスクファイナンスがあります。リスクコントロールには、回避、制御、結合、分散、移転などがあり、リスクファイナンスには、保有、転嫁などの選択肢がありますが、リスクの種類・重要度・頻度などに応じて意思決定を行います。④計画の実行では、③で選択されたリスク処理手段とそれに関連するマネジメント活動を実行します。ここではリスクを処理するための組織構築と実行が行われます。⑤はモニタリング活動でありリスクマネジメントの適否のチェックを行います。

なお、リスクは発生可能性（Probability）と影響度（Impact）を考慮して評価されます。これは、ERMにおける重要な概念のひとつです。下図は、これらを考慮したリスク評価の例です。つまり、リスクの影響度と発生可能性により処理手段の使い分けが必要となります。

[図表 2-2] リスクの影響度と発生可能性

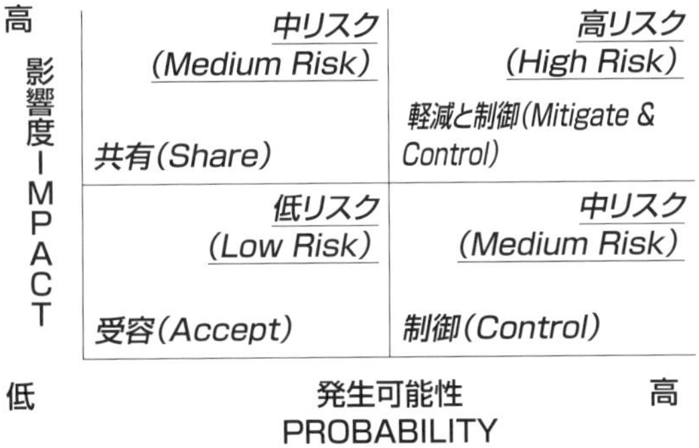

出所：Applying COSO' s Enterprise Risk Management-Integrated Framework p.39より。訳語は筆者追加。

既に述べたように、リスク処理手段は、リスクコントロール（危険制御）とリスクファイナンス（危険財務）に分けることができます。

リスクコントロールとはリスクの発生の回避、リスク発生時の被害の低減の管理を指します。制御、結合、分散、移転などがこれに相当します。

また、リスクファイナンスは、リスクが発生した場合に被る損害に備えて経済的な対策を実施することを指しますが、リスクの転嫁に類似した概念です。

以下で、これらの具体的な手法を述べます。

2. リスクの発見・確認

第１段階として、どこにどのようなリスクが存在するのかを洗い出します。これがリスクの発見と確認です。手法としては、過去に発生した事故事例の参照や、今後発生可能性のあるリスクをチェックリストなどで確認します。

① 業務プロセスにおけるリスク確認

例えば、企業の部署ごとに業務を洗い出し、どの業務にどのようなリスクが存在するかをチェックします。ここでは、業務のフローチャートや業務分掌表、業務分担表などを活用することが有効です。これにより、製造・販売・資金回収などの、どの段階にどのようなリスクが存在するかを体系的に把握することができます。

なお、過去の事故や損失の事例をもれなく記録に留めることは、今後のリスクを想定する上で重要です。大きな損失に至らなかった事故についても、可能な限りもれなく抽出し、記録に留めておきます。日常の業務の中で「ヒヤリ」としたことや「ハット」した事象である、いわゆるヒヤリハット事例まで対象とすることが要求されます。

Column

ハインリッヒの法則（1:29:300の法則）

アメリカの損害保険会社の安全技師であったハインリッヒが発表した法則。

「労働災害において、330件の災害のうち、重い災害が１件あったとすると、29回の軽度な災害があり、傷害のない事故は300回起こしている。」というものです。

同様の研究としては、バードの事故比率があり、297社の175万件の事故報告を分析して、1（重傷又は廃疾）：10（傷害）：30（物損のみ）：600（傷害も物損もない事故）の比率を導き出しています。

これらの研究成果で重要なことは、比率の数字ではなく、災害という事象の背景には、危険有害要因が数多くあるということであり、ヒヤリハット等の情報をできるだけ把握し、迅速、的確にその対応策を講ずることが必要であるということです。

（厚生労働省「安全衛生キーワード」（https://anzeninfo.mhlw.go.jp/yougo/yougo24_1.html）を参考に記述）

② 財務諸表上のリスクの確認

財務諸表上の各勘定科目のリスクを把握することも重要です。

この場合は、企業のバランスシート上の資産項目に着目します。すなわち、流動資産（現預金、受取手形、売掛金、有価証券、棚卸資産等）、固定資産（土地、建物、機械等）にどのようなリスクが存在するかを把握します。

例えば、売掛金の回収可能性、棚卸資産の価値の下落などを把握しておきます。これは、次章で説明する信用リスク、価格変動リスクなどの存在を見極めることになります。固定資産では、火災や風水害などの純粋リスクを配慮することが重要です。

なお、企業を取り巻くリスクは常に変化しており、これらの定期的な見直しを行うことが必要です。

Column

企業の財務諸表の概要

財務諸表はいわば企業の成績表です。

その主たるものとして、損益計算書（P/L）と貸借対照表（B/S）があります。概要は下図のとおりです。

【損益計算書（P/L)】

損益計算書（P/L）は会社が期中にどのような事業でどれくらい収益を上げ、そのためにどれくらい費用がかかり、結果としてどれだけ利益が出たかを表す成績表です。売上高、営業外収益、特別利益が収益で、売上原価や販管費（販売費及び一般管理費）などが費用として計上されます。最終結果を表すのが、当期純利益です。

なお、純利益は、B/S 上の純資産に蓄積されていきます。

【貸借対照表（B/S)】

貸借対照表（B/S）は、企業のある期末時点における資産・負債・純資産の状態を表すもので、損益計算書と同時に作成されます。

資産の部と負債の部・純資産の部に分かれ、さらに資産は流動資産と固定資産に、負債は流動負債と固定負債に分かれます。

内訳は図のとおりですが、資産の部の流動資産は、現金預金、売掛金など比較的早く流動化できるものです。固定資産は、土地や建物、投資などがその内訳ですが、流動化するには時間を要します。

負債の部の流動負債は、買掛金や短期借入金など、早期の支払いが求められるもので、固定負債は、長期借入金や社債などすぐには支払う必要のないものです。

純資産は、資産から負債を引いたものになります。内訳は、資本金や資本剰余金、利益剰余金です。純資産がマイナスになると、いわゆる債務超過の状態になります。

企業の財務諸表

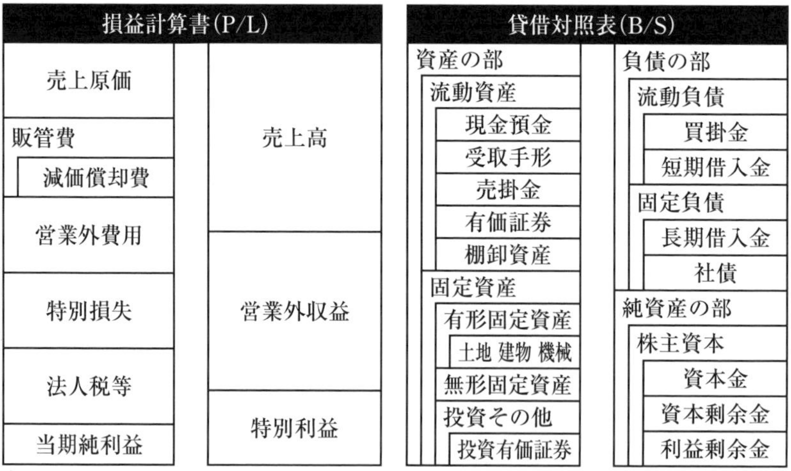

3. リスクの測定・評価

発見・確認された企業リスクについて、発生可能性（Probability）と影響度（Impact）を考慮して測定・評価します（先に掲載した［図表 2-2］を参照してください）。ここでは、リスクの発生可能性と、損失の規模をできるだけ正確に測定することが重要です。

具体的には、過去一定期間内の発生事故件数、１事故当たりの損失規模の調査を行い測定します。なお、損失額は企業に与える財務的インパクトを考慮する必要があります。

［図表 2-3］ リスク評価表の例

評価	発生可能性（発生件数）	影響度（損失規模）	リスク処理の優先順位
A	高い（よく起きる）	大きい	1
B	低い（めったに起きない）	大きい	2
C	高い（よく起きる）	小さい	3
D	低い（めったに起きない）	小さい	4

出所：赤堀勝彦（2017）p.64 を参考に作成。

評価 A は、発生頻度が高く、損失規模も大きいリスクです。リスク処理を最優先すべき部分です。

評価 B は、発生頻度は低いが損失規模が大きいリスクです。具体例としては工場の火災・爆発、地震や風水害による損害、製造物の賠償責任などが挙げられます。

評価 C は、発生頻度は高いが損失規模が小さいリスクです。軽微な事務ミスなどが挙げられます。

評価 D は、発生頻度が低く、損失規模も小さいリスクです。ある程度軽視していいリスクといえるでしょう。

以上の結果に基づき、次のリスク処理手段の選択を行います。

4. リスク処理手段の選択

リスクマネジメント・プロセスの第３段階は、確認・測定・評価された企業リスクの処理手段の選択を行うことです。リスクコントロールやリスクファイナンスの技法を用いて、最小の費用で損失を最小化することに繋げます。リスクマネジメントにはコストが掛かりますが、リスク量を見極めた上で処理を行うことが重要です。

（1）リスクコントロール

リスクコントロールとは、リスクの発生自体を防止する、又はリスクが発生した場合の損失を最小にするもので、リスクの処理において第一にとられるべき手段です。

リスクコントロールは、リスクの回避、損失制御、リスクの結合、リスクの分散、リスクの移転（リスクコントロール型）などに分類されます。

① リスクの回避

リスクの回避とは、予想されるリスクに一切の関係を持たないことをいい、危険を伴う活動をすべて停止することによって実現されます。例えば、移動手段として飛行機を避けること、火気使用を制限すること、地震や風水害のリスクの発生頻度が高い地域に工場を建設しないこと、夏に腐敗しやすい食品を製造しないこと、製造物責任リスクの発生頻度が高い新製品の開発を中止することなどが挙げられます。あるいは、新規事業に対する融資に伴う信用リスクを回避するため、これを行わない等が考えられます。

しかしながら、そのリスクは避けることができるものの、代替行為が必要となるため、別種のリスクを抱えることとなります。すなわち、飛行機の代替手段としての船や鉄道の利用による事故のリスクを抱えることになります。

また、生産条件の制限は競争条件を低下させ、新製品開発の断念は収益機会を失うことになります。同様に、金融機関が貸出金の回収を懸念して融資条件を厳しくすることは、本来問題のない企業に対しても融資しないケースが生じ、いわゆる逸失利益を発生させることになります。

このように、リスクの回避は極めて消極的な手段であり、これに伴う逸失利益の存在を考慮する必要があります。

②　損失制御

損失制御には、損失防止（loss prevention）と損失軽減（loss reduction）があります。

損失防止は、損失発生頻度の減少又は排除を目的とするもので、物的、人的手段を講じることです。建物を耐震構造や耐火構造にするなどハード的な側面と、安全管理、安全教育などソフト的な側面とがあります。いずれも、ペリルに結び付くハザードの減少又は排除を行うものです。

損失軽減は、事故が発生してしまった場合に、事故による損失の強度の減少を目的とするものです。スプリンクラー、消火設備、非常用設備の設置などハード的な側面と、適切なクレーム対応プログラムの作成などソフト的な側面とがあります。

損失防止策が偶然の事故発生の頻度を念頭に置いた方策であるのに対して、損失軽減策は損失の大きさに重点を置いた対策です。

③　リスクの結合

リスクの結合とは、損失にさらされている危険単位の数を増やすことによって、リスクの不確実性を低減させ、その発生確率を安定させることをいいます。すなわち、確率計算におけるサンプル数を増やすことにより、大数の法則が働きやすくなります。これにより、リスク発生の将来予測を行う上で、その精度を高めることができます。

例えば、保険会社は、大数の法則に基づき、同種の保険契約を増やし損失の発生確率を安定させます。また、企業が合併、子会社化により経営規模を拡大させたり、運送会社が保有する車両を増やしたりする場合なども広義のリスク結合に該当します。

④　リスクの分散

リスクの分散とは、人や物、企業活動をより小さな単位又は集団に分割することによって損失規模の軽減を図るものです。例えば、生産工場や倉庫などを１カ所に集中させず、各地に分散させること、部品の仕入れ先を複数確保すること、会社の会長と社長が同時に海外出張する場合に、別々の飛行機に乗るようにすることなどです。

また、１取引先当たりの販売額に限度額を設けて企業が倒産した場合の回収リスクを軽減したり、銀行が大口融資を避けて小口分散を図ったりすることもリスク分散の典型的な例です。「すべての卵を一つのかごに入れないようにする」ことが重要です。

Column

リスク分散の考え方

リスク分散の考え方を「卵を一つのかごに盛らない」という言葉から考えてみましょう。

なお、この例では、卵の総数を30個、かごを落とし、かごの中の卵がすべて壊れる確率を1/3とします。

下表Ａのケース1はかごを落とさない場合、ケース2は落とした場合を示しています。

Ａ：30個の卵を1つのかごに入れた場合（ケース2が生じる確率を3分の1とする）

ケース	壊れる卵の数	確率
1	0	2/3
2	30	1/3

期待値と分散は以下のように計算されます。

・期待値の計算

$0\times2/3+30\times1/3=10$

・分散の計算

$\{(0-10)^2+(0-10)^2+(30-10)^2\}\div3=200$

すなわち、期待値10、分散200のポートフォリオと考えられます（標準偏差は$\sqrt{200}\fallingdotseq14.14$）。

次に、同数の卵をａ、ｂ、ｃ 3つのかごに10個ずつ入れた場合を考えます。

×はかごを落として卵が壊れたこと、○はかごを落とさないことを示します。

B：30個の卵を3つのかごに入れた場合（かごを落とす確率を3分の1とする）

ケース	かごa	かごb	かごc	壊れる卵の数	確率
1	○	○	○	0	8/27
2	×	○	○	10	4/27
3	○	×	○	10	4/27
4	○	○	×	10	4/27
5	○	×	×	20	2/27
6	×	○	×	20	2/27
7	×	×	○	20	2/27
8	×	×	×	30	1/27

※　○はかごを落としていないこと、×はかごを落としたことを示す。

この場合の期待値と分散を計算します。

まず、それぞれのかごを落とす事故は独立して発生するので、ケースごとの確率は以下のように計算されます。

・ケースごとの確率の計算

ケース1：　2/3×2/3×2/3=8/27

ケース2～4：　1/3×2/3×2/3=4/27

ケース5～7：　2/3×1/3×1/3=2/27

ケース8：　1/3×1/3×1/3=1/27

期待値と分散は以下のように計算されます。

・期待値の計算

0×8/27+10×4/27×3+20×2/27×3+30×1/27=10

・分散の計算

$\{(0-10)^2\times 8+(10-10)^2\times 12+(20-10)^2\times 6+(30-10)^2\}\div 27=66.67$

すなわち、期待値10、分散66.67のポートフォリオと考えられます（標準偏差は$\sqrt{66.67}\fallingdotseq 8.16$）。

Aと比べると期待値は同じですが、分散は小さくなっています。つまり、Aと比較してより期待値どおりとなるケースが多くなります。いいかえれば、極端な損失が発生するケースが少なくなり、リスク分散を図ることができます。

なお、リスク分散という場合の「分散」と、ここで述べている「期待値からの差（偏差）の2乗の期待値」で定義される「分散」とは概念が異なることに注意してください。英語では、リスク分散はdiversification of risks、統計学における分散は variance で別の言葉です。

かごの数を増やすとさらに分散が小さくなり、限りなく結果が期待値どおりになることが理解できるでしょう。

（野口悠紀雄（2000）pp.62-70 を参考に記述）

⑤ リスクの移転（リスクコントロール型）

リスクコントロール型の移転は二つあります。

まず、損失にさらされている物や活動を、他の個人又は法人に移転させる方法です。例えば、製品の輸送を運送業者に委託することによってリスクを移転することができます。

次に、法律や契約から発生する責任を、免除又は制限する条項によってリスクを移転させる場合です。例えば、物品の売買にあたり、物品に瑕疵があったとしても責任を負わないとする特約によって、売主はそのリスクを買主に移転することができます。また、コンピュータ・リース契約を利用することにより、コンピュータ自体の物的損害に関わるリスクをリース業者に移転することができます。

（２）リスクファイナンス

リスクファイナンスとは、リスクコントロールによっても事故の発生を完全に防止することはできないため、損失の発生に備え、事前に資金的な用意をしておく方法です。リスクファイナンスの手法は、大きくリスクの保有とリスクの外部移転（転嫁）の二つに分けられます。

① リスクの保有

リスクの保有とは、損害が発生した場合、それを補てんするのに必要な資金を、借り入れも含めて企業自体で調達することをいいます。あるいは、いざという時に備えて預貯金をすることです。

企業におけるリスクの保有には、経常費処理、引当金の設定、銀行借入の利用などがあります。経常費処理は、比較的小規模な損失に利用されます。例えば、機械・設備・車両の修繕費などです。引当金は、特定のリスクにより生じる損失を処理するために、経理上資金を留保しておく方法です。例としては、貸倒引当金、退職給与引当金、修繕引当金などがあります。また、予定外の大きな損失が発生し資金の準備がない場合は、銀行借入を行うことになります。

なお、自然災害の危険に対して保険料のコストと災害復旧にかかるコストを見積った結果、保険料のコストが上回るため保険契約を締結しないことなどもこれに当たります。

② リスクの外部移転（転嫁）

リスクの外部移転（転嫁）には、保険や共済による移転と保険や共済以外の移転（リスクファイナンス型）とがあります。保険や共済はリスク移転の手段として最も広く利用されています。保険・共済は一般的に安価であり、費用の合理性の点からみて優れたリスク処理効果を持っているからです。

また、保険や共済以外の移転とは、損害賠償金や訴訟費用などの損失が発生した場合の費用負担を、契約により相手方に移転させるものです。例えば、免責条項の付帯、補償条項の挿入などの方法があり、賃貸借契約、建設工事請負契約、財貨・サービス供給契約、保証契約などでこれらの条項を織り込む方法が取られています。

なお、リスクの転嫁にはリスクの相殺も含みます。例えば、外国通貨や商品相場における現物買いと同時に先物売りを行うヘッジ取引等がこれに相当します。これらはいわゆるデリバティブ（金融派生商品）の一種で、先渡し取引や先物取引などに加えて、最近では気温や天候などを対象とした天候デリバティブなども登場しています（第7章参照）。

[図表 2-4]　リスク処理手段のまとめ

○リスクコントロール（危険制御）…事故発生前、技術操作
・回避…危険の遮断、行動の中止
・除去（低減）…損失制御（防止、軽減）、結合、分散、移転
○リスクファイナンス（危険財務）…事故発生後、資金操作
・外部移転（転嫁）…保険・共済、デリバティブ、ヘッジ、移転（転嫁）
・保有（受容）…準備、危険負担

出所：亀井利明・亀井克之（2009）p.44 を参考に作成。

5. リスクマネジメント計画の実施

次のプロセスは、リスクの種類や頻度、損失額に応じて選択されたリスク処理手法を実施することです。例えば、リスクファイナンスにおけるリスクの移転手段として保険を選択した場合に保険契約を締結します。

6. リスク処理結果の監視

企業リスクの発見・確認、測定・評価、リスク処理手段を実施・処理した後は、最終段階としてこれらの処置が妥当であったかどうかの検証を行います。ここでは、例えばリスクの発見・確認に漏れはなかったか、リスクの測定値に誤りはなかったか、リスク処理手段は有効であったかなどのモニタリングを行います。

そして、これらの結果のモニタリングを踏まえて、次の発見・確認からリスク処理の実施までのプロセスを繰り返すことになります。つまり、業務プロセスの基本であるPDCAサイクルを回すことが重要です。PDCAサイクルは、P（Plan・計画）、D（Do・実施）、C（Check・監視）、A（Action・対策・改善）で構成されますが、Pはリスクの発見・確認、測定・評価、リスク処理手段の選択、Dはリスク処理の実施、Cは結果のモニタリング、Aはモニタリング結果を踏まえた対策・改善であり、ここからまたプロセスの最初の段階をスタートさせることになります。

第3章 金融機関のリスクマネジメント

企業が抱えるリスクは、経営戦略リスク、財務リスク、自然災害リスク、オペレーショナル・リスク、コンプライアンス・リスク、人事労務リスクなどに分類することができます。ただし、これらはそれぞれが単独で存在するものではなく、相互に関係するものです。

例えば、大地震や津波・台風などの自然災害リスクは、企業の建物や機械などの財務上の資産に損害を与えます。また、人事労務管理上の問題は、従業員の横領や不正などのコンプライアンス・リスクにつながるものです。

本章では企業リスクの事例として金融機関を取り上げ、企業経営における具体的なリスクとリスクマネジメントの概要について説明します。なお、これらの基本的なリスクは、金融機関以外の企業においても共通のものがほとんどであると考えられます。

1. 金融機関が抱えるリスク

金融機関が生来抱えるリスク（Inherent Risk）は、プライマリー・リスク（Primary Risk）とコンセクエンシャル・リスク（Consequential Risk）に２分できます[13]。プライマリー・リスクは、信用リスク、流動性リスク、市場リスクなど、金融機関が収益を得るために積極的に取るリスクであり、コンセクエンシャル・リスクは業務を遂行した結果発生するリスクで、能動的に取りに行くべきリスクではありません。広くはオペレーショナル・リスクといわれますが、具体的には事務リスク、システムリスク、法務リスク、風評リスク等があります。

13　有馬敏則（2012）p.6。Union Bank of Switzerland（UBS）の金融機関におけるリスクの定義として紹介している。

プライマリー・リスクは、第１章で述べた投機的リスクに相当し、コンセクエンシャル・リスクは純粋リスクに相当すると考えられます。

プライマリー・リスクとしての、信用リスク、流動性リスク、市場リスクなどは収益獲得のため積極的に取らねばならず、リスク処理手段は第２章で述べたリスクコントロールが主となります。すなわち、変動幅を適切にコントロールすることが最重要課題となります。

一方、コンセクエンシャル・リスクである事務リスク、システムリスク、法務リスク、コンプライアンス・リスク、風評リスク等は業務遂行上やむなく発生する消極的リスクとして、発生の未然防止体制と発生時の適切な対応策の確立を図ることが重要です。リスク処理手段はリスクコントロールにおける損失制御やリスクの移転が考えられますが、主としてリスクファイナンスの対象となります。しかしながら、実務上はリスク処理手段を厳密に区別できないものもあり、両者をあわせて実施することになります。

［図表 3-1］ 金融機関の抱えるリスク

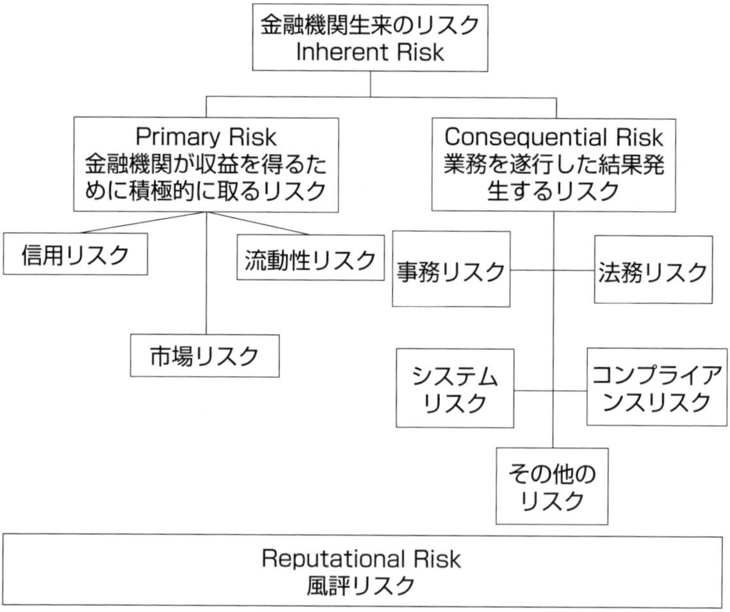

出所：有馬敏則（2012）p.7 を参考に筆者作成。

[図表 3-2] プライマリー・リスクとコンセクエンシャル・リスク

カテゴリー	リスクの定義	リスク処理手段
プライマリー・リスク (Primary Risk)	金融機関が収益を得るために積極的に取るリスク	主としてリスクコントロール
コンセクエンシャル・リスク (Consequential Risk) ＝オペレーショナル・リスク	業務を遂行した結果発生するリスク	主としてリスクファイナンス

2. 金融リスクの種類

「金融検査マニュアル」[14]では金融リスクを項目別に分け以下のように定義しています（「　」内は同マニュアルの定義の原文をそのまま記載しています。）。

なお、事務リスク・システムリスクはオペレーショナル・リスクに属すると考えられます。

（1）信用リスク

「信用供与先の財務状況の悪化等により、資産（オフ・バランス資産を含む。）の価値が減少ないし消失し、金融機関が損失を被るリスクである。このうち、特に、海外向け信用供与について、与信先の属する国の外貨事情や政治・経済情勢等により金融機関が損失を被るリスクを、カントリー・リスクという。」

分かりやすく述べると、貸出金が回収できなくなるリスクです。一般企業であれば、売掛金や受取手形の回収ができなくなるリスクになります。いかなる企業においても存在するリスクです。海外向けの貸出金などが回収不能となるリスクがカントリー・リスクです。

（2）市場リスク

「金利、為替、株式等の様々な市場のリスク・ファクターの変動により、資

14 「金融検査マニュアル」は、預金等受入金融機関の経営管理や金融円滑化、リスク管理等に関する検査基準と方法を示す文書である。2019 年 12 月に廃止されたが、同マニュアルの考え方は現在でも金融機関にとっては重要である。

産・負債（オフ・バランスを含む。）の価値が変動し損失を被るリスク、資産・負債から生み出される収益が変動し損失を被るリスクをいう。なお、主な市場リスクは以下の３つのリスクからなる。」

① 金利リスク

「金利変動に伴い損失を被るリスクで、資産と負債の金利又は期間のミスマッチが存在している中で金利が変動することにより、利益が低下ないし損失を被るリスク。」

例えば、市場金利の上昇により、過去に貸し出した金利が現在の調達金利を下回る場合があります。このような場合は、いわゆる逆ザヤとなり損失を被ることになります。金融機関は、貸出金利を市場実勢に応じて変動する変動金利とすることにより、このリスクを貸出先に転嫁することができます。一方、借り入れた企業は金利リスクを抱えることになります。

② 為替リスク

「外貨建資産・負債についてネット・ベースで資産超又は負債超ポジションが造成されていた場合に、為替の価格が当初予定されていた価格と相違することによって損失が発生するリスク。」

商社や海外との取引がある企業は常にこのリスクを抱えています。為替予約やオプションなどを組み合わせることにより、リスクヘッジを行います。

③ 価格変動リスク

「有価証券等の価格の変動に伴って資産価格が減少するリスク。」

金融機関は、貸出金以外に株式や債券に投資を行っています。これを余資運用といいます。一般企業でも有価証券を保有していれば同様のリスクがあります。さらに、製品や商品の在庫にも市場価格の変動による価格変動リスクが存在します。

（３）流動性リスク

「運用と調達の期間のミスマッチや予期せぬ資金の流出により、必要な資金確保が困難になる、又は通常よりも著しく高い金利での資金調達を余儀なくされることにより損失を被るリスク（資金繰りリスク）及び市場の混乱等により市場において取引ができなかったり、通常よりも著しく不利な価格での取引を余儀なくされることにより損失を被るリスク（市場流動性リスク）をいう。」

企業における流動性リスクの典型は資金繰りリスクで、手形や売掛金の決済ができなくなること、借入金の返済ができなくなることなど支払い不能となるリスクです。損益計算上の収益がプラスであっても、キャッシュがなければ、支払い不能となり倒産に至るケースもあります。キャッシュフローの管理が重要となります。

（4）オペレーショナル・リスク

「金融機関の業務の過程、役職員の活動若しくはシステムが不適切であること又は外生的な事象により損失を被るリスク（自己資本比率の算定に含まれる分）及び金融機関自らが『オペレーショナル・リスク』と定義したリスク（自己資本比率の算定に含まれない分）をいう。

オペレーショナル・リスクには、以下で述べる、事務リスク、システムリスクを含むほか、『法務リスク』、『コンプライアンス・リスク』、『風評リスク』、『その他のリスク』が含まれる。」

（5）事務リスク

「役職員が正確な事務を怠る、あるいは事故・不正等を起こすことにより金融機関が損失を被るリスクをいう。」

計算ミス、口座相違、金額相違などの事務ミスから発生するリスクです。また、事故や不正行為の発生もこれに含まれます。我が国の金融機関は業務の健全性・適切性の観点からも、完璧な事務処理が求められることから、これらの管理体制の構築は重要です。これに係る損害賠償だけでなく信用の失墜につながります。

一般企業においても同様のリスクが存在し、そのマネジメントは重要です。

（6）システムリスク

「コンピュータシステムのダウン又は誤作動等、システムの不備等に伴い金融機関が損失を被るリスク、さらにコンピュータが不正に使用されることにより金融機関が損失を被るリスクをいう。」

金融機関は装置産業とも言われますが、コンピュータシステムの不備の発生は、事務リスクと同様に損害賠償だけでなく信用の失墜につながります。最近でも、システムの不備に伴うATMの入出金や振込の不能は頻繁に発生しています。

一般企業もITへの依存や高度化によりこのリスクが存在します。システムの不備はシステム自体の不備のみでなく、地震や風水害への対応も重要となります。

（7）法務リスク

「顧客に対する過失による義務違反及び不適切なビジネス・マーケット慣行から生じる損失・損害（監督上の措置並びに和解等により生じる罰金、違約金及び損害賠償金等を含む）を被るリスク」

金融取引において、不備な契約や法令違反に伴う法的責任の発生などにより損失を被るリスクです。すなわち、不十分又は不適切な契約内容により、契約が実行できなくなることから生じる経済的リスクです。

法令違反、契約違反はあらゆる企業において発生し得る可能性があります。これらが顕在化すると、損害賠償を請求されるばかりでなく行政処分や刑事罰に至る可能性もあります。

（8）コンプライアンス・リスク

コンプライアンスは法令等遵守と訳されますが、実際には法令等遵守よりも広い概念でとらえる必要があります。すなわち、「法令として規律が整備されていないものの、①社会規範にもとる行為、②商慣習や市場慣行に反する行為、③利用者の視点の欠如した行為等につながり、結果として企業価値が大きく毀損される場合が少なくない。」[15] ことから、これらを含めたコンダクトリ

15 「コンプライアンス・リスク管理に関する 検査・監督の考え方と進め方（コンプライアンス・リスク管理基本方針）」金融庁 2018年10月 p.11

スクという概念で考える必要があります。なお、コンダクトリスクは本来的なコンプライアンス・リスクと同義と考えられます。

コンプライアンス意識の欠如は、企業不祥事の発生のたびにその原因として取り上げられます。企業にとってこの管理は重要な課題の一つです。

（9）風評リスク

「金融機関の行動が評判を落とし、その風評が広まることにより、顧客や市場における信用低下により損失・損害などを被るリスク」

［図表3-1］で示しているように金融機関が生来抱えるリスク（Inherent Risk）全体に対して存在します。適切にリスク管理が行われないと、経済的損失のみでなく、評判を著しく低下させ、場合によっては致命的な影響をもたらす可能性すらあります。金融機関では、取付騒ぎになった事例もあります。

あらゆる企業が抱えるリスクであり、適切な対応を怠ると企業倒産に至る場合もあります。なお、風評リスクについての詳細は第16章で取り上げています。

（10）その他のリスク

その他のリスクとしては、役職員等の生産性低下や金融機関の信用失墜につながる行為等により損失を被る「人的リスク」、損害賠償請求により損失が発生するリスクである「損害賠償リスク」などがあります。いずれもあらゆる企業に共通に存在するリスクです。

これらについては、第2部で述べる、自然災害リスク、情報漏洩リスク、企業不祥事のリスク、メンタルヘルス・リスク、ハラスメントのリスクなどとの関連があります。

上で述べたリスクのうち（1）から（3）はプライマリー・リスクとして金融機関が能動的に取るリスクで、（4）以降はコンセクエンシャル・リスクとして発生の未然防止と発生後の対応が必要です。

3．金融リスクへの金融機関の対応

金融機関の上記リスクへの伝統的な対応方法としては以下のようなものがあります。

（1）与信審査と与信管理

信用リスクへの対応としては、融資等与信の個別案件の可否を判断する「与信審査」を厳格に行うことや与信実行後の債務者の状況をモニタリングする「与信管理」が必要です。一般企業であれば、販売先の与信管理とほぼ同様と考えられます。

また、金融機関全体の与信に対して、業種集中や債務者集中がないかの管理を行う「与信ポートフォリオ管理」が重要です。これは、リスクコントロールの手段であるリスク分散の考え方を活用することになります。

【融資業務のフロー例】

1．融資申込受付	財務諸表等徴求（決算書、会社概要など） 融資内容について融資申込者ヒアリング
2．財務分析システム	財務分析システムに財務データ投入→財務分析帳票自動作成
3．財務内容分析	財務分析帳票、決算書、決算書付属明細などの分析
4．格付の付与	格付モデル→倒産確率の導出→自動格付→定性情報、実態財務補正による調整→債務者区分との整合→格付決定
5．自己査定	債務者区分の決定（格付との整合）
6．個別案件審査	融資内容の詳細検討
7．融資可否の決定	営業店権限の場合　店内審査→店長による可否の決定 本部権限の場合　本部審査→本部権限者による可否の決定
8．融資実行	債務者との融資契約締結→融資金交付

9．実行後のモニタリング	与信管理（融資金返済状況・債務者の変動など）
10．融資金の完済	契約の終了

Column

金融機関融資におけるリスク分散の考え方

例えば、債務者がすべて同じ10％の倒産確率（1年以内に10社に1社が倒産する確率）であると仮定した場合、10社に均等に1,000万円を融資している1億円のポートフォリオ（小口分散のポートフォリオ）と、9社に100万円、1社に9,100万円を融資している1億円のポートフォリオ（融資集中がみられるポートフォリオ）は、いずれも倒産確率10％、1億円のポートフォリオに変わりありません。しかしながら、確率どおり10社に1社が倒産すると考えると、前者ではどの債務者が倒産しても一様に1,000万円の損失ですが、後者は100万円の損失ですむ場合と9,100万円の損失を発生させる場合があり、極端な損失変動リスクを保有することとなります。

小口分散のポートフォリオ

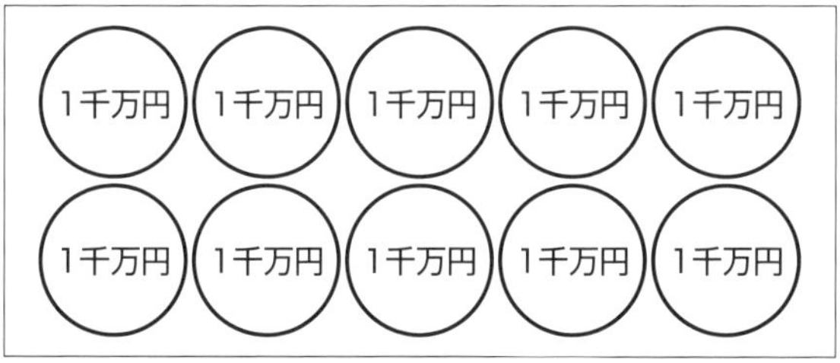

融資集中がみられるポートフォリオ

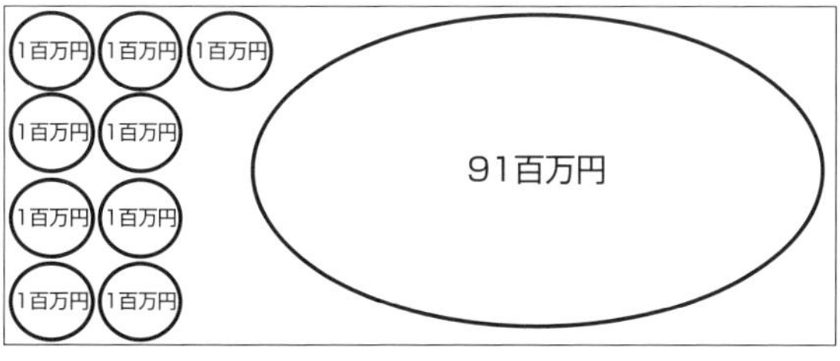

（2）ALM（アセット・ライアビリティ・マネジメント）

流動性リスクや金利リスクに対応するため、金融機関は資金運用（資産：Asset）と資金調達（負債：Liability）の総合的な管理を行うことが求められます。この管理を行うことを ALM（Asset Liability Management）といいます。金利や為替相場の変動により金融機関の資産と負債がどのような影響を受けるのかを把握した上で、リスクヘッジを行うと同時に資産と負債との最適な組み合わせを決定する手法です。

（3）バリュー・アット・リスク（VaR）

VaR とは、市場価格の変動により、一定の期間（保有期間）に一定の確率（信頼水準）で被る最大損失のことです。過去の統計データからモデルにより算出されます。主に市場リスク管理に用いられますが、信用リスク管理に用いる場合は信用 VaR といいます。

（4）BCP（業務継続計画）

地震や風水害などの自然災害や情報システムなどの障害に対し、事業資産の損害を最小限にとどめつつ、中核事業の継続・早期復旧を可能とするために、平常時に行うべき活動や緊急時における事業継続のための方法・手段などを取り決めておく計画を BCP（Business Continuity Plan）といいます。近年の自然災害の大型化やシステム障害の頻発に伴い、同計画の策定は必須とされます。

なお、BCP の詳細は次章で述べます。

Column

リスクアペタイト・フレームワークと CAMELS

サブプライムローン問題に端を発した、2000 年代後半の金融危機とその後の収益環境の悪化を背景に、「単にリスクを抑制するのみではなく、むしろどのようなリスクをどのように取って収益を得るか」という考えが重視されるようになってきました。そこで、経営管理・リスク管理をより包括的、かつ一体的に行う枠組みが必要となってきましたが、その一つがリスクアペタイト・フレームワーク（RAF：Risk Appetite Framework）です。なお、RAFとERMの概念はほぼ同義と考えられます。

金融庁が2019年3月に発表した「健全性政策基本方針[16]」では、「リスクアペタイト・フレームワークとは、自社のビジネスモデルの個別性を踏まえた上で、事業計画達成のために進んで受け入れるべきリスクの種類と総量を『リスクアペタイト』として表現し、これを資本配分や収益最大化を含むリスクテイク方針全般に関する社内の共通言語として用いる経営管理の枠組みをいう。」（同方針p.40）と述べています。

具体的には、「リスクアペタイト（RA）」とは、「事業戦略」や「財務戦略」を達成するために、取得可能なリスクの上限である「リスクキャパシティ（RC）」の範囲内で、組織が意図的に取るリスクの「種類」と「総量」であり、「リスクアペタイト・フレームワーク（RAF）」とは、「事業戦略（どの業務をどのように行うのか）」「財務戦略（どのような財務状態にしたいのか）」「リスクテイク戦略（どの種類のリスクをどの程度取るのか）」を包括的に行う枠組みです。

また、金融庁は、「『健全性政策基本方針』における健全性の評価の視点は、リスクアペタイト・フレームワークの構築にあたっても重要な要素であり、金融機関がそれぞれのビジネスモデルに基づき、これらの視点の相互関係を勘案しつつ、どのように全体としての健全性を確保しようとしているかについて、当局と金融機関が対話するにあたり、リスクアペタイト・フレームワークの考え方を活用することについて、検討を進める。」（同方針pp.40-41）と述べ、リスクアペタイト・フレームワークを重視することを強調しています。

なお、同方針では、伝統的に金融機関の健全性の主要6要素とされたCAMELSについても言及しています。CAMELSとは、Capital Adequacy（自己資本の充実度）・Asset Quality（資産の質）・Management（経営管理）・Earnings（収益性）・Liquidity（流動性）・Sensitivity to Market Risk（市場リスクに対する感応性）の頭文字をとったもので、米国等の金融監督当局による金融機関の評定で用いられている健全性評価の視点です。このうちEは

16　金融庁「金融システムの安定を目標とする検査・監督の考え方と進め方（健全性政策基本方針）」平成31年3月

Earnings（収益性）を示しますが、「従来から、収益性は健全性監督の重要な着眼点の１つとされていたが、高齢化、人口減少、世界的な低金利の持続など、金融機関の収益環境が厳しさを増す中、欧州当局をはじめ、ビジネスモデルや収益の持続可能性に監督上の焦点を当てる当局もみられるようになっている。」（同方針 p.21）と述べています。

以上のように、金融庁のリスクテイクに対する考えが、より前向きに変化していることがうかがえます。なお、リスクテイクと収益確保とは微妙な関係にあります。すなわち、リスクテイクは収益獲得につながり自己資本蓄積に寄与しますが、一方で損失発生の原因でもあり、これは自己資本を毀損させます。金融機関は、CAMELS のそれぞれの要素についてバランスの取れたビジネスモデル構築を行うことが求められます。

RAF を構成する用語の定義

リスクアペタイト（RA）	金融機関がその戦略目的や業務計画を達成するために、リスクキャパシティ（RC）の範囲内で意図的に取ろうとするリスクの種類とその総量
リスクアペタイト・フレームワーク（RAF）	「事業戦略（どの業務をどのように行うのか）」「財務戦略（どのような財務状態にしたいのか）」「リスクテイク戦略（どの種類のリスクをどの程度取るのか）」を包括的に行う枠組み
リスクキャパシティ（RC）	金融機関の規制上の資本・流動性要件や業務環境、顧客や利害関係者（預金者、保険契約者、株主、債券投資家等）等に対する責任より生じる制約に抵触することなく、「事業戦略」や「財務戦略」を達成するために、取得可能なリスクの上限
リスクアペタイト・ステートメント（RAS）	RAF を文書化したもの

出所：信金中金信用金庫部研修資料等を参考に筆者作成。

第4章 事業継続計画（BCP）

1. 事業継続計画とは

（1）事業継続計画の定義

事業継続計画（BCP：Business Continuity Plan、以下 BCP という）とは「企業が自然災害、大火災、テロ攻撃などの緊急事態に遭遇した場合において、事業資産の損害を最小限にとどめつつ、中核となる事業の継続あるいは早期復旧を可能とするために、平常時に行うべき活動や緊急時における事業継続のための方法、手段などを取り決めておく計画のこと。」[17] です。

東日本大震災（2011 年 3 月 11 日発生）において、中小企業の多くが、貴重な人材を失ったり、設備を失ったりしたことで、廃業に追い込まれました。被災の影響が少なかった企業においても、復旧が遅れ自社の製品・サービスが供給できず、その結果顧客が離れ、事業を縮小し従業員を解雇しなければならないケースも見受けられました。また、サプライチェーンに大きな影響が出る等の経験から、「防災」及び「緊急時における事業継続」の重要性が再認識されました。

また、COVID-19 が猛威を振るい、企業の事業活動に大きな影響を及ぼしたことは、記憶に新しいところです。

このように緊急事態はいつ発生するか分かりません。BCP とは、こうした緊急事態への備えのことをいいます。

なお、我が国では、政府・官公庁を中心に BCP のガイドラインが公表されています。例えば、中小企業庁「中小企業 BCP 運用策定指針」には、中小企業の特性や実状に基づいた BCP の策定及び継続的な運用の具体的方法が、分かりやすく説明されています。したがって、本章ではこれらのガイドラインや

17 中小企業庁「中小企業 BCP 策定運用指針－緊急事態を生き抜くために－」より。
（https://www.chusho.meti.go.jp/bcp/contents/level_c/bcpgl_01_1.html）

指針の内容を中心に述べます。

（2）BCP が求められる背景

BCP は、自然災害や大火災等の緊急事態に備える企業の、危機管理の新手法であり、欧米では早くから広く普及してきました。特に、2001 年 9 月 11 日にアメリカで発生した同時多発テロ事件では、本店や情報システムセンターが被災し、事業継続が不可能になるなどシステム停止による影響の大きさが改めて認識されました。テロ以前にも BCP の考えはありましたが、これら同時多発テロの際に明らかになった問題を踏まえ、多くの企業が BCP を策定するに至りました。

先に述べたように、我が国でも地震・風水害などの自然災害や火災、大規模なシステム障害などが多発しています。

なお、我が国における BCP が求められる背景として、経済産業省『事業継続計画（BCP）策定ガイドライン』（2005 年 3 月）[18] では、「事業活動の変化」、「情報システムへの依存増大」、「予測困難なリスクの頻発」、「地震等自然災害リスク」、「BCP の取組に関する情報開示」、「徒業者との関係」の六つを挙げています。同ガイドラインでは、主として IT 事故に重点を置いています。

Column

9.11 同時多発テロ事件

2001 年 9 月 11 日、アメリカ合衆国北東部の空港から西海岸に向けて出発した旅客機計 4 機が、同時にハイジャックされ、多数の死傷者を出した事件です。この事件は、ニューヨークの経済に深刻な打撃を与え、世界市場にも大きな影響を与えました。

ハイジャックされた内の 2 機はニューヨークマンハッタンのワールドトレー

18　経済産業省商務情報政策局情報セキュリティ対策室編（2005）『事業継続計画（BCP）策定ガイドライン－高度 IT 社会において企業が存続するために－』2005 年 8 月、財団法人経済産業調査会 pp.5-9

ドセンター（世界貿易センタービル）に向かい、1機はノースタワーに、もう1機はサウスタワーに激突しました。そして、ワールドトレードセンタータワーを含むワールドトレードセンター内のすべての建物への破壊を引き起こし、多数の死傷者を出しただけでなく、周囲10ヵ所の大型構造物に甚大な損傷を与えました。

3機目はペンタゴンに激突し、施設の一部を崩壊・炎上させ多数の死傷者を出し、4機目はペンシルバニア州の野原に墜落し多数の死傷者を出しました。

なお、この事件の後、大成火災海上保険が巨額の再保険金支払いの発生により経営破綻に追い込まれ、損害保険ジャパンに吸収合併されたとされます。

2. BCPの策定

企業が生き抜くためには、従業員とその家族の生命や健康を守った上で、事業を継続して顧客の信用を守り、売上げを維持する必要があります。事業と売上げが確保できれば、従業員の雇用も守ることができます。同時に地域経済の活力を守ることにもつながります。

BCPを策定し運用する目的は、緊急時においても事業を継続できるように準備しておくことで、顧客からの信用、従業員の雇用、地域経済の活力の三つを守ろうとするものです。

以下では、中小企業庁「平成24年度版中小企業BCPの策定促進に向けて」に基づき、BCPの策定手順を述べます。BCPの策定は、「①基本方針の立案」から始まり、「②重要商品の検討」、「③被害状況の確認」、「④事前対策の実施」、緊急時における指揮命令系統の準備をしておく「⑤緊急時の体制の整備」までの五つの手順を踏んでいくことになります

（1）基本方針の立案

BCPの策定は、「何のためにBCPを策定するのか？」、「BCPを策定・運用することにどのような意味合いがあるのか？」を検討し、基本方針を決めることから始まります。

基本方針とは、会社の経営方針の延長線上に位置するもので、BCPを策定するための目的となります。例えば、従業員の人命を守るため、供給責任を果たし顧客からの信用を守るため等、基本方針があるはずですが、まずは、その基本方針を明確にします。

（2）重要商品の検討

企業においては、様々な商品・サービスがありますが、災害等の発生時には、限りある人員や資機材の範囲内で、会社の事業を継続させ、基本方針を実現しなければなりません。そのため、基本方針を立案した次の手順として、限りある人員や資機材の中で優先的に製造や販売する商品・サービス（以下、重要商品という）をあらかじめ取り決めておく必要があります。ここでは、自社で、最も優先的に製造や販売しなければならない重要商品について検討して一つ選択します。選択されるものは、商品・サービスの提供が停止することで、自社の売上に大きな影響があるものや顧客への影響が大きなものになります。

（3）被害状況の確認

企業が影響を受ける災害には、地震や新型インフルエンザ等、様々なものがあります。そして、こうした災害により、工場が生産停止となったり、店舗が壊れて商品を販売できなくなったりする場合があります。そのため、災害等により会社が受ける影響のイメージを持つ必要があります。例えば、「大規模地震（震度5弱以上）で想定される影響」や「新型インフルエンザ（強毒性）」で想定される影響が、自社にどのような影響があるのかをイメージします。[図表4-1]、[図表4-2] を参考にしてください。

[図表 4-1]　大規模地震（震度５弱以上）で想定される影響

インフラへの影響	【ライフライン】 ・停電が発生し、水道とガスが停止する。 ・その後、電気、水道、ガスの順番で復旧する。	【情報通信】 ・電話やインターネット等が発生直後はつながらなくなる。 ・その後、ケーブル断線の復旧等により、順次復旧する。
	【道路】 ・一部の道路が通行規制となる。 ・その他の道路で、渋滞が発生する。	【鉄道】 ・発生直後は、鉄道の運行が完全に停止する。 ・その後、被害の少ない地域から順次再開する。
会社への影響	【人】 ・設備・什器類の移動・転倒、耐震性の低い建物の倒壊、津波の発生等により、一部の従業員が負傷する。 ・従業員やその家族の負傷、交通機関の停止等により、一部の従業員が出社できなくなる。	【情報】 ・パソコン等の機器類が破損する。 ・重要な書類・データ（顧客管理簿、仕入先管理簿、商品の設計図等）が復旧できなくなる。
	【物】 ・工場・店舗等が、大破・倒壊・浸水する。 ・固定していない設備・什器類が移動・転倒する。 ・商品・備品類が落下・破損する。 ・仕入先の被災により、部品や原材料等が調達できずに、商品の生産・販売ができなくなる。	【金】 ・工場の生産停止や従業員の出社率の低下により事業が停止してしまい、その間の売上がなくなる。 ・会社の運転資金（従業員の給与、賃借料等）と建物・設備等の復旧のための資金が必要となる。

出所：中小企業庁「中小企業BCP策定運用指針第２版－どんな緊急事態に遭っても企業が生き抜くための準備－」p.2-5を参考に作成。
（https://www.chusho.meti.go.jp/bcp/download/bcppdf/bcpguide.pdf）

［図表 4-2］ 新型インフルエンザ（強毒性）で想定される影響

インフラへの影響	【ライフライン】 ・社会機能の維持に関わるライフライン（電気、ガス、水道）は、基本的には、通常どおり使用できる。	【情報通信】 ・電話、インターネット等の情報通信手段は、基本的に通常どおり使用できる。
	【道路】 ・道路に大きな影響はなく、基本的に通常どおりに利用できる。	【鉄道】 ・運行本数が減少する。 ・乗客数が制限される。
会社への影響	【人】 ・一部の従業員やその家族が新型インフルエンザに感染する。 ・約4割の従業員が出社できなくなる。	【情報】 ・一部機能の低下の可能性はあるが、基本的には通常どおりに利用できる。
	【物】 ・物流網の混乱や取引先企業の事業停止により、原材料・部品・商品等の供給が停止する。 ・在庫品が不足する。	【金】 ・事業が停止してしまい、その間の売上がなくなる。 ・会社の運転資金が必要となる。

出所：中小企業庁「中小企業 BCP 策定運用指針第２版－どんな緊急事態に遭っても企業が生き抜くための準備－」p.2-26 を参考に作成。
（https://www.chusho.meti.go.jp/bcp/download/bcppdf/bcpguide.pdf)）

（４）事前対策の実施

緊急時でも、企業は重要商品を提供していかなければなりません。そして、重要商品を提供し続けるためには、製造や販売に携わる従業員や機械設備等、様々な経営資源（人、物、情報、金等）が必要となります。そのため、緊急時においても、こうした必要な経営資源を確保するための対策（事前対策）を平常時から検討・実施しておくことが重要です。事前対策の検討は、例えば「金融機関と友好な関係を構築している」や「顧客管理簿が十分に整理できていない」等、日頃から把握している自社の強み・弱みを踏まえ検討することが望まれます。

[図表 4-3]　事前対策の例

事前対策	【人】 ・安否確認ルールの整備 ・代替要員の確保	【情報】 ・重要なデータの適切な保管 ・情報収集・発信手段の確保
	【物】 ・設備の固定 ・代替方法の確保	【金】 ・緊急時に必要な資金の把握 ・現金・預金の準備 事前対策

出所：中小企業庁「平成24年度版中小企業BCPの策定促進に向けて」p.6より。

また、会社の被害の状況により、現地での復旧が難しくなる場合や、通常の調達先からの商品・部品等の調達が難しくなる場合があることを考慮しなければなりません。こうした事態に陥ってしまった場合、通常とは異なる工場で商品を生産（代替生産）したり、通常とは異なる調達先から商品・部品を調達（代替調達）したりする等、代替方法が有効となります。そのため、事前対策の一つとして、あらかじめ代替方法を検討・実施しておく必要があります。

具体的に、事前対策は「事前対策の実施状況の把握」、「事前対策の検討・実施」の二つのステップに沿い、検討・実施します。

【事前対策の検討ステップ】

ステップ１：事前対策の実施状況の把握

緊急時に重要商品を提供し続けるために、経営資源ごとに自社でどのような事前対策が実施できているのかを確認する。

ステップ２：事前対策の検討・実施

対策が実施されていない場合は、これから実施しなければならない対策を検討する。

なお、事前対策は安否確認システムの導入や耐震補強の実施等、資金を必要とするハード面だけではありません。資金を必要としないソフト面の対策（例えば、複数業務を行える従業員の育成等）も重要となります。そのため、資金が必要な事前対策については、自社でできる範囲とし、まずは資金を必要としない対策を中心に検討・実施していきます。

（５）緊急時の体制の整備

実際に災害等が発生した際でも、会社が事業継続のために適切な行動ができるよう、緊急時の対応とその責任者を整理します。緊急時の対応には、初動対応、復旧のための活動等、様々なものがありますが、最低限、そうした全社の対応に関する重要な意思決定、及びその指揮命令を行う統括責任者を取り決めておくことが重要となります。また、統括責任者が不在の場合や責任者自身が被災する場合もありますので、代理責任者も決めておく必要があります。

なお、緊急事態が発生した場合のBCPの発動手順は次のとおりです。

【緊急事態発生時のBCPの発動手順】

①緊急事態が発覚したら、初動対応（緊急事態の種類ごとに違いあり）を行う。
②なるべく速やかに、顧客等へ被災状況を連絡するとともに、中核事業の継続方針を立案し、その実施体制を確立する。
③中核事業継続方針に基づき、顧客・協力会社向け対策、従業員・事業資源対策、財務対策を併行して進める。また、地域貢献活動も実施する。
④緊急事態の進展・収束にあわせて、応急対策、復旧対策、復興対策を進める。

[図表 4-4] 緊急時における BCP 発動フロー

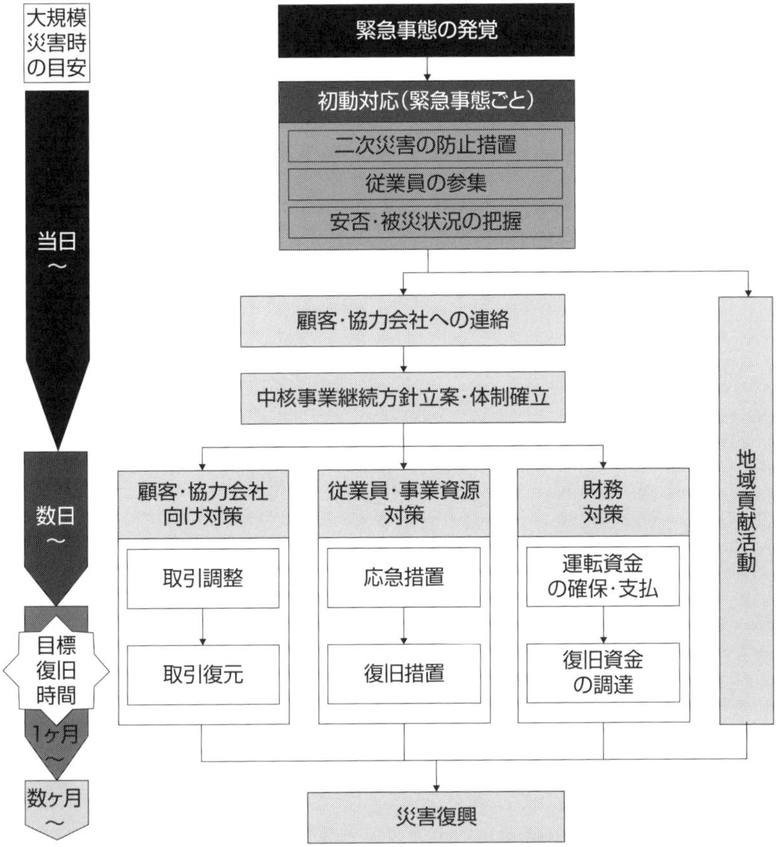

出所：中小企業庁「中小企業ＢＣＰ策定運用指針－緊急事態を生き抜くために－」4.1 緊急時における BCP 発動フローより。
(https://www.chusho.meti.go.jp/bcp/contents/level_c/bcpgl_04_1.html)

3. BCPの運用

（1）BCPの定着（社内教育活動の実施）

BCPは、策定して終わりではありません。緊急事態になった時に従業員がBCPを有効に活用し、適切な対応ができるよう準備しておくことではじめて意味を成します。そのため、BCPを策定した後は、従業員にBCPの内容やBCPの重要性を理解してもらうために、次のような、社内における教育活動を実施することが重要となります。

［図表4-5］ 教育活動の例

・毎年１回以上、経営者が従業員に対してBCPの進捗状況や問題点を説明する。
・従業員各自がBCPの取組状況、役割分担の定期的な確認を行う。
・策定したBCPのポイントに関する社内研修会を開催する。
・BCPの内容等に関する社内掲示を実施する。

出所：中小企業庁「平成24年度版中小企業BCPの策定促進に向けて」より。

（2）BCPの見直し

常にBCPの内容を会社の現状に見合ったものとしておくために、必要に応じBCPの見直しを行うことが重要となります。

BCPの見直しは、例えば顧客管理や在庫管理等、日頃から会社が実施している経営管理の延長線上にあるものです。経営管理の結果、顧客状況や在庫状況等に大幅な変更があった場合、商品・サービスの変更・追加、生産ラインの組み替え、人事異動等があった場合は、BCPの見直しを行う必要があるか検討し、その必要があればBCPに反映します。

また、これから実施を予定している事前対策の進捗状況や問題点を定期的にチェックし、対策の内容や実施時期を再検討する必要があります。

そのため、策定したBCPの中に、会社が見直す基準を記載しておき、随時確認するようにします。

4. 事業継続マネジメント（BCM）

前節までBCPについて述べましたが、このBCPを戦略的に実践することを事業継続マネジメント（BCM：Business Continuity Management、以下BCMという）といいます。事業継続管理や事業継続経営とも訳されます。自然災害、テロ、感染症など事業継続の支障となるリスクに対して、事業継続計画の策定・導入・運用・見直しという一連のマネジメントを行うことをいいます。なお、BCPはこのBCMの一環です。

経済産業省「事業継続計画策定ガイドライン」（2005年3月）では、「組織を脅かす潜在的なインパクトを認識し、利害関係者の利益、名声、ブランド及び価値創造活動を守るため、復旧力及び対応力を構築するための有効な対応を行うフレームワーク、包括的なマネジメントプロセス」[19]と定義されています。

5. 事業継続マネジメントシステム（BCMS）

（1）事業継続マネジメントシステム（BCMS）とは

事業継続マネジメントシステム（BCMS：Business Continuity Management Systems、以下BCMSという）とは、BCMに関わる活動を経営と一体化して実施することで、長期にわたり、より実効性の高い運用ができるようにシステム化したものです。BCMSの構築は、緊急事態の備えとしての手段というだけではなく、日常の経営とも密接に結びついた活動が求められることになります。

すなわち、マネジメントシステム全体の中で、事業継続の確立、事業継続に関する諸問題の継続的な改善を図るためのPDCAサイクルの仕組みを構築することになります。

次の（2）で述べるJISQ22301「社会セキュリティ—事業継続マネジメントシステム—要望事項」では、この規格は、組織のBCMSの計画、確立、導入、運用、監視、レビュー、維持、及び有効性の継続的改善に“PDCA”（Plan-Do-Check-Act）モデルを適用するとし、以下のように説明しています。

19　前掲（注18）経済産業省商務情報政策局情報セキュリティ対策室編（2005）p.4

[図表 4-6] PDCA モデルの説明

計画及び確立（Plan）	組織の全体的な方針及び目的に沿った結果を出すために、事業継続の改善に適した事業継続の方針、目的、目標、管理策、プロセス及び手順を確立する。
導入及び運用（Do）	事業継続の方針、管理策、プロセス及び手順を導入し、運用する。
監視及びレビュー(Check)	事業継続の方針及び目的に照らしてパフォーマンスを監視及びレビューし、その結果を経営者に報告してレビューに付し、是正及び改善の処置を決定し、許可する。
維持及び改善（Act）	マネジメントレビューの結果に基づいた是正処置をとり、BCMS の適用範囲、事業継続の方針及び目的を再評価することによって、BCMS を維持し、改善する。

出所：JISQ22301:2013「社会セキュリティ—事業継続マネジメントシステム—要望事項」0.2 PDCA（Plan-Do-Check-Act）モデルより。
（https://jis.eomec.com/jisq223012013#toc5）

（２）日本工業規格 JISQ22301 の発行

製造業のサプライチェーンの維持、地域での防災や減災等の観点から、企業等組織の事業継続は、きわめて重要な取組であることに鑑み、経済産業省は、2013 年 10 月 20 日 ISO22301 の一致規格である日本工業規格 JISQ22301:2020（ISO 22301:2019）「社会セキュリティ—事業継続マネジメントシステム—要望事項」[20] を制定・公示しました。

この中で、「この規格は、事業の中断・阻害を防止し、その発生の起こりやすさを低減し、発生に備え、発生した場合には対応し、事業を復旧するためのマネジメントシステムを実施し、維持し、改善するために必要な事業継続マネジメントに関する要求事項について規定する。」として認証取得のための要求事項を確認しています。

また、規格の適用範囲では、次のようなことを行おうとする、あらゆる形態及び規模の組織に適用が可能であるとしています。

a）BCMS を実施し、維持し、改善する。

20　JISQ 22301:2020（ISO 22301:2019）（https://kikakurui.com/q/Q22301-2020-01.html）

b）表明した事業継続方針とこの規格との適合を保証する。

c）事業の中断・阻害の発生時にも、あらかじめ定めた許容できる能力で、製品及びサービスの提供を継続することができることを必要とする。

d）BCMSの効果的な適用を通じて組織のレジリエンスの向上を求める。

そして、この規格は、自らの事業継続のニーズ及び義務を果たす組織の能力を評価するために用いることができるとしています。

第5章 内部統制とリスクマネジメント

1. エンタープライズ・リスク・マネジメント・フレームワーク

第１章でも述べましたが、米国では、1970年代から、粉飾決算や企業会計の不備など企業のコンプライアンスの欠如が社会問題となっていました。そこで、こうした状況に対処するため、1985年に米国公認会計士協会の働きかけで、産学共同組織としてトレッドウェイ委員会支援組織委員会（COSO）が発足しました。同委員会では1992年から94年にかけて内部統制のガイドライン（COSOフレームワーク）を作成しましたが、さらに2004年に、これを拡張するかたちでエンタープライズ・リスク・マネジメント・フレームワーク（ERMフレームワーク[21]）を提示しています。

ERMフレームワークは全社的にリスクを理解し評価するためのフレームワークで、我が国の銀行用や保険会社用の「金融検査マニュアル」もこの影響を大きく受けています。また、第３章で述べたように、金融庁の「健全性政策基本方針」ではリスクアペタイト・フレームワーク（RAF）の重要性について言及していますが、ERMとRAFの概念はほぼ同義と考えられます。

ERMにおける重要な概念は、「組織体全体にわたり適用されること」、「リスク選好を考慮すること」、「リスクと事業機会を識別すること」、「リスクは発生可能性と影響の両者を考慮すること」です。概要を［図表5-1］にまとめています。

COSO-ERM（2004）フレームワークには、「四つの目的」と「八つの構成要素」、そして事業体（全体）や部署（部分）といった「適用範囲」があり、それらが立方体（キューブ）の関係にあると紹介されています（［図表5-2］）。以下

21 米国のトレッドウェイ委員会支援組織委員会（the Committee of Sponsoring Organization of the Treadway Commission; COSO）が発表した、リスクを理解・評価するためのフレームワーク。2004年にCOSO-ERM（2004）が発表され、最新版はCOSO-ERM（2017）であるが、COSO-ERM（2004）を踏襲しておりその考え方は大きく変わっていない。

[図表 5-1]　COSO-ERM（2004）の概念

・ERM は組織体全体に渡り適用される
　すなわち、役員から下位職まで企業の全ての階層により責任を持って取り組まねばならない。
・リスク選好が考慮されなければならない
　リスク選好とは企業価値を高めるため企業が許容するリスクの量であり、リスクが発生した際にその影響を制限する組織が構築されていなければならない。
・リスクと事業機会が識別されるように事象を識別する
　事象とは内部もしくは外部の原因により、組織体の目的の達成に影響を与える出来事である。ここで組織体の目的の達成にマイナスの影響を与えるものをリスクと定義し、組織体の目的の達成にプラスの影響を与えるものを機会と定義する。この識別が重要である。
・リスクは発生可能性と影響を考慮して決定される
　影響が大きく、発生可能性が高いリスクは高リスクで優先的に対応を行う。一方、影響が小さく発生可能性が低いものは低リスクである。

出所：「Enterprise Risk Management-Integrated Framework Executive Summary September 2004」の記述に基づき作成。

[図表 5-2]　COSO ERM の構造を示すキューブ

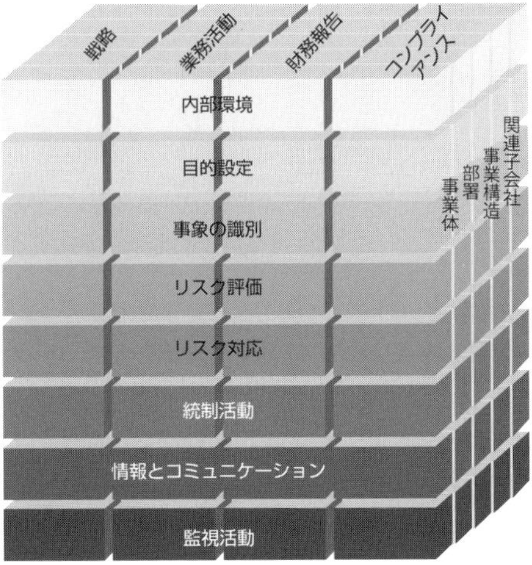

出所：「Enterprise Risk Management-Integrated Framework Executive Summary September 2004」p.5 より。

では、「Enterprise Risk Management-Integrated Framework Executive Summary　September 2004」における記述に基づきその概要を述べます。

企業の「四つの目的」とは「戦略（Strategic）」、「業務活動（Operations）」、「財務報告（Reporting）」、「コンプライアンス（Compliance）」であり、以下のように定義されています。

［図表 5-3］ 企業の「四つの目的」

戦略	事業体のミッションと連動しそれを支える高次元の目標
業務活動	事業体の資源の有効かつ効率的な利用
財務報告	報告の信頼性
コンプライアンス	適用される法令規則の遵守

出所：「Enterprise Risk Management-Integrated Framework Executive Summary September 2004」の記述に基づき筆者作成。

また、「八つの構成要素」とは「内部環境（Internal Environment）」、「目的設定（Objective Setting）」、「事象識別（Event Identification）」、「リスク評価（Risk Assessment）」、「リスク対応（Risk Response）」、「統制活動（Control Activities）」、「情報とコミュニケーション（Information and Communication）」、「監視活動（Monitoring）」です。

なお、ERM は、ある一つの構成要素が次の構成要素のみに影響するというような厳密に連続的なプロセスではなく、ほぼすべての構成要素が他の構成要素に影響を与える可能性のある、多面的で反復的なプロセスです。

［図表 5-4］ COSO-ERM（2004）の八つの構成要素

内部環境	内部環境は、組織の気風を組み込み、リスクを事業体の人々がどのように捉えて対処するかということについての基礎を構築する。その中にはリスクマネジメントの考え方、リスク選好、誠実性、倫理観、ならびにその中で構成員が業務活動を行っている環境などが含まれている。
目的設定	経営者が目的の達成に潜在的な影響を及ぼす事象を識別する以前に、目的は存在していなければならない。ERM は、経営者が目的を設定するプロセスをきちんと持つこと、及びその選ばれた目的が事業体のミッションを支援し、ミッションの方向性と合致し

	て事業体のリスク選好とも整合性が取れていることを保証するものである。
事象識別	事業体の目的達成に影響する、事業体内部と外部の事象は、リスクなのか事業機会なのかを識別されなければならない。事業機会は、経営者の戦略や目的の設定プロセスにフィードバックされることになる。
リスクの評価	リスクをどのように管理するかを判断する基礎として、発生可能性と影響度を考慮しながらリスクが分析される。リスクは、そのリスクが本来持つ固有ベースと残余ベースで評価される。
リスクへの対応	経営者は、リスクの回避、受容、低減及び共有などのリスク対応策を選択し、事業体のリスク許容度及びリスク選好とリスクとの方向性が合致するように、一連の活動を選択する。
統制活動	リスク対応策が有効に実行されることを保証する手助けとして方針や手続が設定され、実施される。
情報とコミュニケーション	関連する情報が認識、捕捉され、人々が自分達の実行責任を全うできるようなやり方や時間枠で伝達される。広い意味での有効なコミュニケーションは、事業体の上から下へ、水平に、下から上へとどの方向にも流れるものである。
監視活動	ERMの全体はモニターされ、適宜補正されている。モニタリングは、継続的な経営活動、独立した評価、あるいはその両方で遂行される。

出所：「Enterprise Risk Management-Integrated Framework Executive Summary September 2004」の記述に基づき作成。

なお、COSO-ERMフレームワークは2017年に再度更新され、その名前は「エンタープライズ・リスク・マネジメント-戦略とパフォーマンスとの統合(Enterprise Risk Management-Integrating with Strategy and Performance)」に変更されました。この更新では、プロセスとパフォーマンス管理のリスクに焦点を当て、キューブもらせん構造に更新されました。しかしながら、COSOキューブは、リスク管理と内部統制を改善するためのフレームワークとして、引き続き有用なものです。

Column

COSO-ERM（2017）フレームワークについて

COSO-ERM（2017）フレームワークでは、「リスク」の定義の見直し、構成要素の見直し、「20の原則」の提示が行われています。概要は以下のとおりです。

① リスクの定義の見直し

旧版ではマイナスの影響を与える事象を「リスク」、プラスの影響を与える事象を「事業機会（opportunity）」と区別していましたが、「事業戦略及びビジネス目標の達成に影響を与える不確実性」とし、経営にプラスの影響を与える事業機会もリスクに含めました。

② 構成要素の見直し

八つの構成要素を、「ガバナンスとカルチャー」「戦略と目標設定」「パフォーマンス（実行）」「レビューと修正」「情報、伝達と報告」の五つの相互に関連する要素としました。そして、これらの関連性を表すリボン様の図としました（下図）。

【COSO-ERM（2017）の概要】

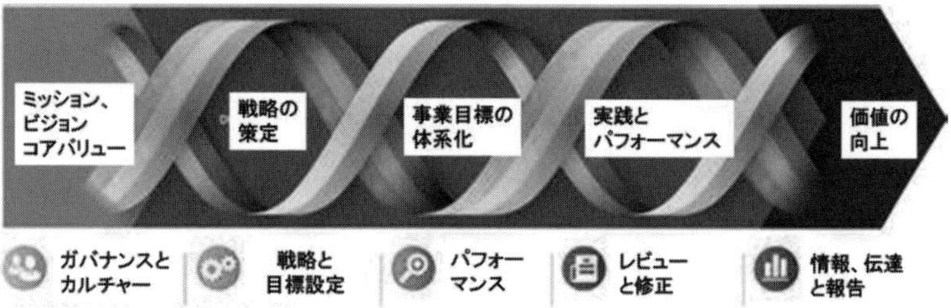

出所：COSO, Enterprise Risk Management - Integrating with Strategy and Performance, Executive Summary, June 2017.[22]
(https://www.coso.org/_files/ugd/3059fc_61ea5985b03c4293960642fdce408eaa.pdf)

22 Committee of Sponsoring Organizations of the Treadway Commission, Enterprise Risk Management-Integrating with Strategy and Performance, Executive Summary, June 2017.（https://www.coso.org/_files/ugd/3059fc_61ea5985b03c4293960642fdce408eaa.pdf）

③　五つの構成要素に関連する基本的な概念として「20 の原則」を提示

五つの構成要素と 20 の原則

1. ガバナンスとカルチャー (Governance and Culture)	1）取締役会によるリスク監視 2）業務構造の確立 3）望ましいカルチャーの定義 4）コアバリューに対するコミットメントの提示 5）有能な人材の惹きつけ、育成、維持
2. 戦略と目標設定 (Strategy and Objective-Setting)	6）事業環境の分析 7）リスクアペタイトの定義 8）代替戦略の評価 9）事業目標の策定
3. パフォーマンス (Performance)	10）リスクの識別 11）リスクの重大度の評価 12）リスクの優先順位づけ 13）リスク対応の実施 14）ポートフォリオの視点の策定
4. レビューと修正 (Review and Revision)	15）大幅な変化の評価 16）リスクとパフォーマンスのレビュー 17）全社的リスクマネジメントの改善の追求
5. 情報、伝達と報告 (Information, Communication, and Reporting)	18）情報システムの有効活用 19）リスク情報の伝達 20）リスク、カルチャー及びパフォーマンスについての報告

出所：COSO, Enterprise Risk Management-Integrating with Strategy and Performance, Executive Summary, June 2017 より作成。

2．日本版 COSO における内部統制

内部統制とは、企業が業務活動を健全かつ効率的に行うための仕組みを整備・運用することをいいます。具体的には、組織内部において、違法行為や不正行為、ミスやエラーなどが発生することなく、組織が健全かつ有効・効率的に運営されるよう各業務で所定の基準や手続を定め、これに基づいて管理・監視・保証を行うことです。これにより、企業の経済的損失や信頼の失墜などの未然防止を行うことができます。

また、この内部統制を正常に運用するための一連の仕組みを内部統制システムといいます。企業価値を向上させる上でも不可欠なシステムです。内部統制システムは、企業が直面するあらゆるリスクの性質やリスクが顕在化した場合に経営に与える影響度、許容できるリスクの範囲や大きさ、リスクをコントロールするコストなどを考慮して構築されます。

さらに、経営の透明性を高め、株主や従業員、顧客その他のステーク・ホルダーに対し適切な情報を提供することや、従業員の活動を的確に把握するためにも必要です。

1992年に米国のトレッドウェイ委員会支援組織委員会（COSO：the Committee of Sponsoring Organization of the Treadway Commission）が公表した内部統制のフレームワーク（COSOフレームワーク）は、内部統制の世界標準になっています。このCOSOフレームワークでは、内部統制の目的を、①「業務の有効性と効率性」、②「財務報告の信頼性」、③「法令等の遵守（コンプライアンス）」の三つとし、目的を達成するための構成要素として、①「統制環境」、②「リスク評価」、③「統制活動」、④「情報と伝達」、⑤「モニタリング（監視活動）」の五つを挙げています。これを参考に作成されたいわゆる日本版COSOがあります。

最新の「財務報告に係る内部統制の評価及び監査の基準」[23]（2023年４月７日企業会計審議会）によると、「内部統制とは、基本的に、業務の有効性及び効率性、報告の信頼性、事業活動に関わる法令等の遵守並びに資産の保全の４つの目的が達成されているとの合理的な保証を得るために、業務に組み込まれ、

23 内部統制報告制度は、2008年４月１日以後開始する事業年度に適用されて以来15年余りが経過し、その実効性に関する懸念が指摘されていること、国際的な内部統制の枠組みについて、2013年５月にCOSO報告書が、経済社会の構造変化やリスクの複雑化に伴う内部統制上の課題に対処するために改訂されたことを受け、2023年４月に改訂された。基本的な枠組みは変わっていないが、具体的には、内部統制の目的の一つである「財務報告」の「報告」（非財務報告と内部報告を含む）への拡張、不正に関するリスクへの対応の強調、内部統制とガバナンスや全組織的なリスク管理との関連性の明確化等を行ったとしている。なお、新制度は2024年４月１日以後開始する事業年度における財務報告に係る内部統制の評価及び監査から適用される。詳細は、「財務報告に係る内部統制の評価及び監査の基準並びに財務報告に係る内部統制の評価及び監査に関する実施基準の改訂について（意見書）」を参照されたい。

組織内の全ての者によって遂行されるプロセスをいい、統制環境、リスクの評価と対応、統制活動、情報と伝達、モニタリング（監視活動）及びIT（情報技術）への対応の6つの基本的要素から構成される。」と定義しています。

［図表5-5］　内部統制の目的と基本的要素

目的	①業務の有効性及び効率性 ②報告の信頼性 ③事業活動に関わる法令等の遵守（コンプライアンス） ④資産の保全
基本的要素	①統制環境 ②リスクの評価と対応 ③統制活動 ④情報と伝達 ⑤モニタリング（監視活動） ⑥IT（情報技術）への対応

出所：企業会計審議会「財務報告に係る内部統制の評価及び監査の基準」pp.3-8より作成。

米国版と比較すると、目的に「資産の保全」が加えられていますが、他は同じです。なお、資産の保全は資産の取得、使用及び処分が正当な手続及び承認の下に行われるよう、資産の保全を図ることをいいます。

また、六つの基本的要素は、米国版と比較すると、⑥IT（情報技術）への対応が加えられています。ITへの対応とは、業務の実施において組織の内外のITに対し適時かつ適切に対応することで、IT環境への対応とITの利用及び統制からなっています。

3．内部統制報告制度（J-SOX）

我が国では、1990年代後半以降、金融機関による不正会計、食品やガス器具、自動車などに関連する安全性や品質について不正や問題が発生し、さらに、有価証券報告書の開示内容などのディスクロージャーをめぐり不適正な事例も発生しました。特に、大和銀行ニューヨーク支店不正取引・巨額損失事件、神戸製鋼所利益供与事件は大きな社会問題となりました。

こうした企業の不祥事が連続して発生し、コーポレートガバナンスのあり方、コンプライアンスやリスクマネジメントへの取組が重要視されるようになってきました。

第１章で述べたように、アメリカではエンロン、ワールドコムの破綻などを契機に、SOX 法が 2002 年に制定されました。この法律により、アメリカで上場する企業は、SEC（Securities and Exchange Commission：米国証券取引委員会）への登録書類の提出にあたり「経営者による内部統制の有効性に関する宣誓書」及び「財務報告の信頼性を確保するための内部統制の報告書」を添付するとともに、企業が構築した内部統制の評価に関し、外部監査人が当該報告書に記載することが義務付けられました。

我が国では、アメリカの SOX 法を参考に、2006 年 6 月に「金融商品取引法」が制定され、その中に内部統制報告制度が規定されました。この制度により、金融商品取引所に上場している企業など有価証券報告書の提出義務がある企業については、「内部統制報告書」を有価証券報告書と併せて内閣総理大臣に提出することが義務付けられました。

Column

大和銀行ニューヨーク支店巨額損失事件

本件は、大和銀行ニューヨーク支店の行員が、1984 年から 1995 年での間、同行に無断かつ簿外で米国財務省証券の取引を行って損失を出し、この損失を隠蔽するために顧客、同行所有の財務省証券を無断かつ簿外で売却して、同行に約 11 億ドルの損害を与えた事件です。

1995 年 11 月に同行の株主が①当時代表取締役及びニューヨーク支店長の地位にあった取締役に関しては、行員による不正行為を防止するとともに、損失の拡大を最小限にとどめるための内部統制システムを構築すべき善管注意義務・忠実義務があったのにこれを怠ったことを理由として、②その余の取締役及び監査役に関しては、代表取締役らが内部統制システムを構築しているか監視する善管注意義務・忠実義務があったのにこれを怠ったことを理由として、取締役及び監査役合計50名（内1名については訴状却下）に損害賠償を求めました。

2000年9月20日に、大阪地裁は38名の被告については原告らの請求を退けたものの、11名の被告については、取締役としての善管注意義務、忠実義務に違反したとして、原告らの請求を一部容認し、総額7億7,500万ドルの賠償を同銀行に行う旨の判決が下されました。

判示において、銀行の取締役等の善管注意義務について、「健全な会社経営を行うためには、目的とする事業の種類、性質等に応じて生じる各種のリスク、例えば、信用リスク、市場リスク、流動性リスク、事務リスク、システムリスク等の状況を正確に把握し、適切に制御すること、すなわちリスク管理が欠かせず、会社が営む事業の規模、特性等に応じたリスク管理体制（いわゆる内部統制システム）を整備することを要する」としました。

さらに、取締役としての善管注意義務及び忠実義務について、「取締役は、取締役会の構成員として、また、代表取締役又は業務担当取締役として、リスク管理体制を構築すべき義務を負い、さらに、代表取締役及び業務担当取締役がリスク管理体制を構築すべき義務を履行しているか否かを監視する義務を負う」（大阪地判平成12年9月20日判時1721号3頁、判タ1047号86頁、金判1101号3頁）としました。

すなわち、支店の行員による約11億ドルもの巨額損失を発見できなかったとして、当時の代表取締役、ニューヨーク支店長の地位にあった取締役、その他の取締役、及び監査役の「善管注意義務」又は「忠実義務」が問われましたが、大阪地裁は、代表取締役及び担当取締役の「内部統制の構築義務」、並びに、その他の取締役及び監査役の「監視義務」を認めたのです。

なお、同行は、重大事件を知りながらアメリカ当局への通報を怠った「重罪隠匿」や損失を隠すためFRBに虚偽の報告をしようとした「共同謀議」など24の罪で起訴されました。そして、1996年2月、司法取引に応じ16件の有罪を認め、3億4千万ドルの罰金を支払いました。なお、この事件で同行はアメリカからの全面撤退を余儀なくされました。

Column

神戸製鋼所利益供与事件

本件は、1999 年に神戸製鋼の元総務担当幹部が、簿外取引等により、裏金を捻出し、総会屋に対して利益供与を行った事件で、2000 年に同社の株主らが、当時の経営者と総会屋に対して損害賠償を求める株主代表訴訟を神戸地裁に起こしました。

2002 年４月に神戸地裁において、当時の経営者ら７人が責任を認めて計３億 1,000 万円を支払うなどの条件で和解が成立し、内容は株主側の訴えをほぼ認めるものとなりました。

神戸地裁の所見では、「企業の経営トップは、違法行為がなされないよう監視すべき立場にあったこととチェックシステムを構築すべき義務がある」と指摘し、関与しなかったとしても監視義務違反が認められる可能性があるとした上で、「取締役は、大会社における厳格な企業会計規則をないがしろにする裏金ねん出行為等が社内で行われないよう内部統制システムを構築する法律上の義務がある」（神戸地平成 14 年４月５日和解、商事法務 1626 号 52 頁（2002 年））と述べ、法律上の義務としての内部統制システムの構築を明確に指摘しました。

（赤堀勝彦（2017）pp.135-136 より）

４．会社法の求める内部統制

ここまで、金融商品取引法で求められる内部統制について述べてきましたが、会社法でも企業に内部統制が求められています。会社法では、内部統制という用語は一切使われていませんが、内部統制について次のように言及しています。

すなわち、「取締役の職務の執行が法令及び定款に適合することを確保するための体制その他株式会社の業務並びに当該株式会社及びその子会社から成る企業集団の業務の適正を確保するために必要なものとして法務省令で定める体制の整備」（会社法362条4項6号）と記されています。

そして、大会社である取締役会設置会社においては、これらの事項を決定しなければならないとしています（同条5項）。

具体的には、取締役は取締役会の意思決定や業務執行に関する記録の作成・保存、リスク管理、効率的な職務執行、従業員のコンプライアンス、グループ企業全体の業務の適正など、財務報告の適切性の確保のみならず、広範な内部統制の確保のための体制の構築が求められます。

5．金融商品取引法と会社法との違い

金融商品取引法の内部統制の中心は内部統制報告制度であり、「財務計算に関する書類その他の情報の適正性を確保」するための体制整備とその有効性に関する評価報告を求める制度です。

会社法では「業務の適正を確保するための体制」全般を対象にしており、その規制範囲は金融商品取引法上の内部統制よりも広いといえます。

一方、企業会計審議会が公表した「内部統制基準」では、財務報告に係る内部統制の評価・監査基準が詳細に定められており、会社法に比べて具体的に内部統制の整備・運用を求めているといえます。

なお、会社法は対象企業を大会社[24]としていますが、これは規模の大きい会社は社会に与える影響が大きいことから、業務の適正の確保が重要であると考えられたからです。また、会社法は主に株主・債権者保護という目的があると考えられます。

金融商品取引法は、第1条で、「この法律は、企業内容等の開示の制度を整備するとともに、金融商品取引業を行う者に関し必要な事項を定め、金融商品取引所の適切な運営を確保すること等により、有価証券の発行及び金融商品等

24 「大会社」とは、次のいずれかに該当する株式会社をいう。
・最終事業年度に係る貸借対照表に資本金として計上した額が5億円以上であること。
・最終事業年度に係る貸借対照表の負債の部に計上した額の合計額が200億円以上であること（会社法2条6号）。

の取引等を公正にし、有価証券の流通を円滑にするほか、資本市場の機能の十全な発揮による金融商品等の公正な価格形成等を図り、もって国民経済の健全な発展及び投資者の保護に資することを目的とする。」と記しています。したがって、投資家の保護がその目的であり、会社法とはその目的を異にすることが分かります。

会社法と金融商品取引法との違いを下表にまとめています。

[図表 5-6] 会社法及び金融商品取引法における内部統制の比較

	会社法	金融商品取引法
目的	業務の適正の確保	財務計算に関する書類その他の情報の適正性を確保
対象企業	大会社(注)	有価証券報告書を提出する会社
義務付け内容	業務の適正を確保するための体制の整備の決定	内部統制報告書の作成
報告等	株主総会に提出	内部統制報告書を有価証券報告書と併せ内閣総理大臣に提出
監査	監査役等による事業報告の監査	公認会計士又は監査法人による会計監査
内部統制の具体的内容	特に規定なし	内部統制の評価及び監査の基準・実施基準により具体的内容が示されている。

(注)「大会社」とは、次のいずれかに該当する株式会社をいう。
・最終事業年度に係る貸借対照表に資本金として計上した額が５億円以上であること。
・最終事業年度に係る貸借対照表の負債の部に計上した額の合計額が200億円以上であること。

《関係法令（抜粋）》

◉会社法

（趣旨）

第１条 会社の設立、組織、運営及び管理については、他の法律に特別の定めがある場合を除くほか、この法律の定めるところによる。

（定義）

第２条 この法律において、次の各号に掲げる用語の意義は、当該各号に定めるところによる。

六　大会社　次に掲げる要件のいずれかに該当する株式会社をいう。

イ　最終事業年度に係る貸借対照表（第439条前段に規定する場合にあっては、同条の規定により定時株主総会に報告された貸借対照表をいい、株式会社の成立後最初の定時株主総会までの間においては、第435条第1項の貸借対照表をいう。ロにおいて同じ。）に資本金として計上した額が五億円以上であること。

ロ　最終事業年度に係る貸借対照表の負債の部に計上した額の合計額が二百億円以上であること。

（取締役会の権限等）

第362条　取締役会は、すべての取締役で組織する。

4　取締役会は、次に掲げる事項その他の重要な業務執行の決定を取締役に委任することができない。

六　取締役の職務の執行が法令及び定款に適合することを確保するための体制その他株式会社の業務並びに当該株式会社及びその子会社から成る企業集団の業務の適正を確保するために必要なものとして法務省令で定める体制の整備

5　大会社である取締役会設置会社においては、取締役会は、前項第6号に掲げる事項を決定しなければならない。

（指名委員会等設置会社の取締役会の権限）

第416条　指名委員会等設置会社の取締役会は、第362条の規定にかかわらず、次に掲げる職務を行う。

一　次に掲げる事項その他指名委員会等設置会社の業務執行の決定

ロ　監査委員会の職務の執行のため必要なものとして法務省令で定める事項

ホ　執行役の職務の執行が法令及び定款に適合することを確保するための体制その他株式会社の業務並びに当該株式会社及びその子会社から成る企業集団の業務の適正を確保するために必要なものとして法務省令で定める体制の整備

2　指名委員会等設置会社の取締役会は、前項第1号イからホまでに掲げる事項を決定しなければならない。

◉会社法施行規則

（目的）

第1条　この省令は、会社法（平成17年法律第86号。以下「法」という。）の委任に基づく事項その他法の施行に必要な事項を定めることを目的とする。

（業務の適正を確保するための体制）

第100条　法第362条第4項第6号に規定する法務省令で定める体制は、当該株式会社における次に掲げる体制とする。

一　当該株式会社の取締役の職務の執行に係る情報の保存及び管理に関する体制
二　当該株式会社の損失の危険の管理に関する規程その他の体制
（業務の適正を確保するための体制）
第 112 条　法第 416 条第 1 項第 1 号ロに規定する法務省令で定めるものは、次に掲げるものとする。
一　当該株式会社の監査委員会の職務を補助すべき取締役及び使用人に関する事項
二　前号の取締役及び使用人の当該株式会社の執行役からの独立性に関する事項
三　当該株式会社の監査委員会の第一号の取締役及び使用人に対する指示の実効性の確保に関する事項
四　次に掲げる体制その他の当該株式会社の監査委員会への報告に関する体制
イ　当該株式会社の取締役（監査委員である取締役を除く。）、執行役及び会計参与並びに使用人が当該株式会社の監査委員会に報告をするための体制
ロ　当該株式会社の子会社の取締役、会計参与、監査役、執行役、業務を執行する社員、法第 598 条第 1 項の職務を行うべき者その他これらの者に相当する者及び使用人又はこれらの者から報告を受けた者が当該株式会社の監査委員会に報告をするための体制
五　前号の報告をした者が当該報告をしたことを理由として不利な取扱いを受けないことを確保するための体制
六　当該株式会社の監査委員の職務の執行（監査委員会の職務の執行に関するものに限る。）について生ずる費用の前払又は償還の手続その他の当該職務の執行について生ずる費用又は債務の処理に係る方針に関する事項
七　その他当該株式会社の監査委員会の監査が実効的に行われることを確保するための体制
（事業報告等の内容）
第 118 条　事業報告は、次に掲げる事項をその内容としなければならない。
一　当該株式会社の状況に関する重要な事項（計算書類及びその附属明細書並びに連結計算書類の内容となる事項を除く。）
二　法第 348 条第 3 項第 4 号、第 362 条第 4 項第 6 号、第 399 条の 13 第 1 項第 1 号ロ及びハ並びに第 416 条第 1 項第 1 号ロ及びホに規定する体制の整備についての決定又は決議があるときは、その決定又は決議の内容の概要及び当該体制の運用状況の概要
（監査役の監査報告の内容）
第 129 条　監査役は、事業報告及びその附属明細書を受領したときは、次に掲げる事項（監査役会設置会社の監査役の監査報告にあっては、第 1 号から第 6 号までに掲げる事項）を内容とする監査報告を作成しなければならない。

五　第118条第2号に掲げる事項（監査の範囲に属さないものを除く。）がある場合において、当該事項の内容が相当でないと認めるときは、その旨及びその理由

（監査役会の監査報告の内容等）
第130条
2　監査役会監査報告は、次に掲げる事項を内容とするものでなければならない。この場合において、監査役は、当該事項に係る監査役会監査報告の内容と当該事項に係る当該監査役の監査役監査報告の内容が異なる場合には、当該事項に係る監査役監査報告の内容を監査役会監査報告に付記することができる。

二　前条第1項第2号から第6号までに掲げる事項

◉金融商品取引法

（目的）
第1条　この法律は、企業内容等の開示の制度を整備するとともに、金融商品取引業を行う者に関し必要な事項を定め、金融商品取引所の適切な運営を確保すること等により、有価証券の発行及び金融商品等の取引等を公正にし、有価証券の流通を円滑にするほか、資本市場の機能の十全な発揮による金融商品等の公正な価格形成等を図り、もって国民経済の健全な発展及び投資者の保護に資することを目的とする。

（財務計算に関する書類その他の情報の適正性を確保するための体制の評価）
第24条の4の4　第24条第1項の規定による有価証券報告書を提出しなければならない会社（第23条の3第4項の規定により当該有価証券報告書を提出した会社を含む。次項において同じ。）のうち、第24条第1項第1号に掲げる有価証券の発行者である会社その他の政令で定めるものは、内閣府令で定めるところにより、事業年度ごとに、当該会社の属する企業集団及び当該会社に係る財務計算に関する書類その他の情報の適正性を確保するために必要なものとして内閣府令で定める体制について、内閣府令で定めるところにより評価した報告書（以下「内部統制報告書」という。）を有価証券報告書（同条第8項の規定により同項に規定する有価証券報告書等に代えて外国会社報告書を提出する場合にあっては、当該外国会社報告書）と併せて内閣総理大臣に提出しなければならない。

2　第24条第1項の規定による有価証券報告書を提出しなければならない会社であって、前項の規定により内部統制報告書を有価証券報告書と併せて提出しなければならない会社以外の会社（政令で定めるものを除く。）は、同項に規定する内部統制報告書を任意に提出することができる。

3　前二項の規定は、第24条第5項において準用する同条第1項の規定による有価証券報告書を提出しなければならない会社（第23条の3第4項の規定により当該有価証券報告書を提出した会社を含む。）のうち政令で定めるものについて

準用する。この場合において、第１項中「政令で定めるもの」とあるのは「政令で定めるもの（特定有価証券（第５条第１項に規定する特定有価証券をいう。以下この項において同じ。）の発行者に限る。）」と、「事業年度」とあるのは「当該特定有価証券に係る特定期間（第24条第５項において準用する同条第１項に規定する特定期間をいう。）」と、「当該会社の属する企業集団及び当該会社」とあるのは「当該会社が行う資産の運用その他これに類似する事業に係る資産」と読み替えるものとするほか、必要な技術的読替えは、政令で定める。

4　内部統制報告書には、第１項に規定する内閣府令で定める体制に関する事項を記載した書類その他の書類で公益又は投資者保護のため必要かつ適当なものとして内閣府令で定めるものを添付しなければならない。

5　第６条の規定は、第１項又は第２項（これらの規定を第３項において準用する場合を含む。以下この条において同じ。）及び前項の規定により内部統制報告書及びその添付書類が提出された場合について準用する。この場合において、必要な技術的読替えは、政令で定める。

6　第24条第８項、第９項及び第11項から第13項までの規定は、報告書提出外国会社が第１項又は第２項の規定による内部統制報告書を提出する場合（外国会社報告書を提出している場合に限る。）について準用する。この場合において、同条第８項中「外国会社（第23条の３第４項の規定により有価証券報告書を提出したものを含む。以下「報告書提出外国会社」という。）」とあるのは「外国会社」と、「第１項の規定による有価証券報告書及び第６項の規定によりこれに添付しなければならない書類（以下この条において「有価証券報告書等」という。）」とあるのは「第24条の４の４第１項又は第２項（これらの規定を同条第３項において準用する場合を含む。）の規定による内部統制報告書及び同条第４項の規定によりこれに添付しなければならない書類（以下この条において「内部統制報告書等」という。）」と、「外国において開示が行われている有価証券報告書等に類する」とあるのは「内部統制報告書等に記載すべき事項を記載した」と、同条第９項中「、当該外国会社報告書に記載されていない事項のうち公益又は投資者保護のため必要かつ適当なものとして内閣府令で定めるものを記載した書類その他」とあるのは「その他」と、同条第11項中「有価証券報告書等」とあるのは「内部統制報告書等」と読み替えるものとするほか、必要な技術的読替えは、政令で定める。

（公認会計士又は監査法人による監査証明）

第193条の２

2　金融商品取引所に上場されている有価証券の発行会社その他の者で政令で定めるもの（以下この項において「上場会社等」という。）が、第24条の４の４の規定に基づき提出する内部統制報告書には、その者と特別の利害関係のない公認会計士又は監査法人（上場会社等が公認会計士法第34条の34の2に規定する上場会社等である場合にあっては、同条の登録を受けた公認会計士又は監査法人に限る。）の監査証明を受けなければならない。ただし、次に掲げる場合は、この限りでない。

一　前項第1号の発行者が、外国監査法人等から内閣府令で定めるところにより監査証明に相当すると認められる証明を受けた場合

二　前号の発行者が、公認会計士法第34条の35第1項ただし書に規定する内閣府令で定める者から内閣府令で定めるところにより監査証明に相当すると認められる証明を受けた場合

三　監査証明を受けなくても公益又は投資者保護に欠けることがないものとして内閣府令で定めるところにより内閣総理大臣の承認を受けた場合

四　上場会社等（資本の額その他の経営の規模が内閣府令で定める基準に達しない上場会社等に限る。）が、第24条第1項第1号に掲げる有価証券の発行者に初めて該当することとなった日その他の政令で定める日以後3年を経過する日までの間に内部統制報告書を提出する場合

第6章 家庭リスクマネジメント

1. 家庭リスクマネジメントの必要性

我が国の伝統的な雇用形態である終身雇用制度、年功序列型賃金制度が崩壊に向かう中、雇用形態の多様化、雇用の流動化などが進展し、我々の生活環境は決して安定的なものではなくなってきています。

さらに、少子高齢化の進展に伴う公的年金問題を考えると、老後は安泰であるという環境ではなくなってきました。会社や国に生活設計のすべてを任すのではなく、自分で自分の生活設計を行うという自立型生活設計を準備する時代となってきたのです。

加えて、自然災害の巨大化、国際情勢の変化など、個人的にもリスクの多様化・複雑化に直面しており、我々自身でリスクマネジメントを行わねばならない範囲が拡大してきています。これらに対処するための科学的・合理的なパーソナル・リスクマネジメントや家庭リスクマネジメントの導入は必須のものといえます。

2. 家庭リスクマネジメントとは

（1）家庭リスクマネジメントとは

我々の日常生活では、何事もなければ特に意識しませんが、実際には数多くのリスクにさらされています。例えば、通勤通学時の交通事故、盗難・紛失、火災や風水害、病気・傷害、賠償事故などは、常にどこかで発生しています。家庭リスクマネジメントとは、このようなリスクを対象として、リスクマネジメントの手法を家庭管理に導入するものです。

具体的なリスクの対象とするものとして、例えば企業リスクにおける純粋リスクに相当するものには、火災、自然災害、交通事故、盗難、詐欺、傷害、賠償、病気など日常生活における不確実な事故があります。

また、投機的リスクに相当するものには、就職、結婚、出産、教育、住宅取得、転職、退職などライフサイクルにおけるイベントがあります。

前者の純粋リスクは、可能であれば完全に排除したいもので、後者の投機的リスクは任意で取りにいくリスクです。とはいうものの、後者であっても家庭というステージの上では、取らざるを得ないリスクとなる場合もあります。

（2）家庭リスクマネジメントの特徴

家庭リスクマネジメントは企業リスクマネジメントとは異なり、企業のように経済的合理性のみでは割り切れないという特徴があります。また、家庭リスクの対象となる、健康・収入・資産・生きがいなどは、健康保険制度、雇用保険制度、年金制度、社会福祉制度など、国の制度や政策との関わりが深く、これらをリスク処理手段として捉える必要があります。

下図で、両者の違いを比較しておきます。

[図表 6-1]　家庭リスクマネジメントと企業リスクマネジメントの比較

項　目	家庭リスクマネジメント	企業リスクマネジメント
対象とするリスク	経済的リスクの種類は限定されるが、経済外的リスクを除外しにくい。	経済的リスクが多様になるが、経済外的リスクは除外しやすい。
組織の目的との関係	組織の目的が多元的でそれぞれの家庭による較差が生じやすい。	組織の目的が利潤に絞り込まれているので、それぞれの企業による較差が生じにくい。
リスクマネジメントの5段階のプロセスの実行	可能であるが実行しにくい。	実行しやすい。
リスクマネジメントの体制作り	作りにくい。	作りやすい。
必要な情報の入手、蓄積	入手・蓄積は難しく専門家の利用が不可欠である。	リスクマネジメント部門、リスクマネジャーを置くことによって可能となる。
リスク処理技術の選択の幅	限定される。	限定されない。
リスク処理コストの最終負担	コストの移転は不可能。	製品価格等に転嫁しコストを移転できる。
社会保障制度や政策への依存	大きい。	比較的小さい。

出所：赤堀勝彦（2017）p.268 より。

3．家庭リスクマネジメントの対象リスクの分類

家庭リスクマネジメントの対象リスクは、先に述べた純粋リスクと投機的リスクのほかに、人身リスク、財産リスク、収入・費用リスク、賠償責任リスクの４項目に分類できます。大きく括ると、人・もの・金の三つでもあります。

人身リスクには交通事故、食中毒など、財産リスクには火災、自然災害など、収入・費用リスクには病気・傷害による入院に伴う収入の減少と費用の増大など、賠償責任リスクには日常生活における過失による加害などが挙げられます。

さらに、経済的対策が可能なリスクと困難なリスクという分類も考えられます。前者は火災、交通事故など、後者は家庭内不和、子供の非行などが挙げられます。

[図表 6-2]　家庭を取り巻くリスクの種類

対　象	人　身	財　産	収入・費用	賠償責任
リスクの例	日常生活における交通事故など、食中毒など	火災、爆発、風水害、地震、盗難など	病気・傷害などによる収入減及び費用の増大など	自動車事故、日常生活での賠償事故など

出所：赤堀勝彦（2017）p.22 をもとに作成。

4．家庭リスクマネジメントのプロセス

家庭リスクマネジメントは、企業リスクマネジメントと同様に、①リスクの発見・確認、②リスクの測定・評価、③リスク処理技術の選択、④リスク処理の実施、⑤リスク処理の結果の統制のサイクルで行われます。

（1）家庭リスクの発見・確認

プロセスの第１段階は、リスクの発見と確認です。発見する手がかりとしては、家庭バランスシート、キャッシュフロー表、家族の健康診断表、ライフイベント表などが有効です。

家庭バランスシートには、預金や不動産などの財産や、ローンなどの負債が記録されているため、現時点での財産リスクを発見できます。キャッシュフロー表からは、過去・現在・将来の資金過不足を見ることで、収入・費用リスクを推定することができます。家族の健康診断書からは、家族それぞれの健康上のリスクを把握できます。また、ライフイベント表からは、各ライフステージでのイベントに関わるリスクを把握することができます。

これらのリスクは、ライフプランニングを考える上で重要なポイントである、健康・経済・生きがいに分類されますが、財産リスク、人身リスク、賠償責任リスク、収入・費用リスクについての確認がなされなければなりません。

なお、家計にとって経済的安定を図ることは重要な目的ですが、企業と異なり、利益の極大化ではなく、目標とする水準の安定を図ることが重要になります。

（2）家庭リスクの測定・評価

リスクは発生可能性（Probability）と影響度（Impact）を考慮して測定・評価します。めったに発生しないが発生すると大規模になるもの、頻繁に発生するが1回当たりの損失はわずかであるものなどの分類を行います。損失の規模をできるだけ正確に測定することが重要です。

なお、損失規模は金銭に換算して評価する必要があります。例えば、住宅火災による家屋の損失に伴う復興費、世帯主の失業時に必要となる生活資金などを金額で表します。

（3）家庭リスク処理技術の選択

家庭リスク処理手段は、企業リスクマネジメントの手法と同じで、リスクコントロールとリスクファイナンスに分けることができます。

リスクコントロールとは、リスクの発生自体を防止する、又はリスクが発生した場合の損失を最小にするものです。リスクコントロールは、リスクの回避、損失制御、リスクの分散、リスクの移転（リスクコントロール型）などに分類されます。

例えば、リスクの回避は、火災や地震による損失を避けるために自宅を所有しないことなどが挙げられます。損失制御は、自宅を耐震や耐火住宅にすることになります。

また、リスクファイナンスは、リスクが発生した場合に被る損害に備えて経済的な対策を実施することを指します。リスクの保有とリスクの外部移転（転嫁）の二つに分けられます。

リスクの保有は、損害発生時に必要な資金を預金などの自己資金で調達、あるいはローンにより対応することをいいます。

リスクの外部移転（転嫁）には、保険や共済が利用されます。次の Column にあるように、独身・新婚期、世帯形成期、家族成長期、家族成熟期、定年退職期・老後期などのライフステージごとに、リスクの内容に応じた保険商品などを検討します。

（４）家庭リスク処理の実施

次に、選択した手法を実施します。リスクを保有する方針であれば、事故発生まで放置し、発生時に自己資金の取り崩しやローンなどにより対応することも考えられます。ただ、一般的には、外部移転を選択し、ライフステージに応じた保険や共済などの契約を行うことになります。

（５）家庭リスク処理の結果の統制

最後に、これらの計画が妥当であるかどうかを常に検証し、見直し、修正を行うことが重要です。例えば、契約済みの保険や共済が、現時点で妥当かどうかを検討し、ライフステージや家族状況に応じた見直しを行うことになります。

Column

ライフステージごとのイベントの特色と保障プラン

人生には、様々な節目があります。人の一生は、その節目によって、独身・新婚期、世帯形成期、家族成長期、家族成熟期、定年退職期・老後期といったライフステージに分けることができ、そのステージごとに各自各様のニーズがあります。昨今では、ライフスタイルが多様化しているため、ライフステージごとのニーズは画一的ではありません。だからこそ、人それぞれのライフプラン作りの必要性が増していると言えます。ここでは、一般的なライフステージごとのイベントの特色と保障プランを挙げておくこととします。

第1ステージ 独身・新婚期 (20代)	①就職と同時に将来のライフプランに備えて、貯蓄や運用の仕方、保険の入り方、ローン・クレジットなどについての知識を身に付け、パーソナルファイナンスをスタートする時期である。 ② 20～30歳代の若いうちでも、病気やけが、災害に遭う可能性もある。まずは、公的保険でどのくらい保障があるかを確認した上で、独身のうちは病気やけがについて公的保険でカバーできない金額を、民間の医療保険、がん保険、傷害保険といった保障で確保するとよいだろう。そして結婚後は、万一のときに備えて家族の生活をカバーできるような死亡保険(定期保険・終身保険)への移行を検討しよう。
↓	
第2ステージ 世帯形成期 (30代)	①大きなイベントが目白押しになる。出産、子育て、住宅取得等といった人生のイベントが続く。住宅を購入する世帯は自己資金、子どもがいる世帯は教育資金など、様々な資金準備が必要な時期である。 ②世帯主死亡時の保障として、生命保険で遺族保障(死亡保障)を確保することを考える。また、災害への備えやマイホーム購入時の住まいの保険(火災保険・地震保険)、マイカー購入時の自動車保険等を検討する時期でもある。
↓	

第３ステージ 家族成長期 （40 代）	①住宅を購入した世帯では住宅ローンの返済、子どもがいる世帯では教育費の負担が大きい時期であるが、個人年金保険などを含めて老後資金の準備をスタートさせる時期でもある。 ②生命保険は死亡保障・医療保障について保障がいつまで必要か見直すことも考える。 ③親の介護問題について考えることも大切である。
第４ステージ 家族成熟期 （50 代）	①子どものいる世帯では、子どもの自立により家計負担が軽くなる時期である。老後生活設計（リタイアメントプラン）を綿密に立て、老後資金の準備を本格的に行う。 ②この年代は既に加入している生命保険や積立型の損害保険が満期を迎えたり、生命保険の重点保障期間が満了する時期となることもあり、保険内容の確認と必要保障額の見直しも必要となる。また、保険は死亡保障から医療保障へ重点を変えることも考える。
第５ステージ 定年退職期 ・老後期 （60 代～）	①退職金による住宅ローンの残債の完済、住宅のリフォーム資金が検討課題となる時期である。退職金やこれまで貯蓄した老後資金を確実に運用していく。 ②介護が必要となった場合に備えて、自助努力として民間の介護保険への加入も検討する。

以上のように各々のライフステージにおけるイベントの特色は、年代により異なります。まずは、現在、ライフサイクルの中のどのライフステージにいるのかを考え、そのステージにおけるイベント達成に重点を置いたライフプランを立てるようにすることが大切です。

第7章 リスクファイナンスと保険・デリバティブ

既に述べたように、リスクファイナンスは自己保有とリスクの外部移転に大別されます。

本章では、企業や家庭のリスクマネジメントにおいて欠くことができない、リスクの外部移転の手段としての、保険とデリバティブについて説明します。

1．保　険

（1）保険とは

保険とは、経済的損失を補うことにより、生活基盤あるいは企業の経営基盤を少しでも回復しようとする制度です。

個人のライフプランは、死亡、病気、けが、事故などの予期せぬ出来事により、大きな変更が生じる可能性があります。企業においても、予期せぬ出来事により経営に大きな支障をもたらす可能性があります。

いつ発生するか分からないが、発生すれば多額の資金が必要となるこれらのリスクに対して、すべてを預貯金で備えることは困難です。保険は合理的な小さな負担（保険料）で大きな保障・補償（保険金・給付金）が得られる金融商品で、リスクの外部移転には欠かせない制度となっています。

人の生死には生命保険、物や賠償責任には損害保険、けが・病気には傷害保険・医療保険を利用することにより損失の発生に備えています。

（2）保険の種類

保険には、社会政策や経済政策の観点から国や地方公共団体が行う公営保険と、民間の生命保険会社や損害保険会社が行う私営保険があります。私営保険は、生命保険と損害保険に大別されますが、医療保険やがん保険など生保・損保いずれにも属さない「第三分野の保険」と呼ばれるものもあります。

また、一般に「ミニ保険」と呼ばれている少額短期保険や、保険類似の制度として共済があります。

① 公営保険

公営保険は、政策保険ともいわれ、社会政策的保険と経済政策的保険に大別されます。これには国が経営するものと市町村が経営するものとがあり、前者は国営保険、後者は狭義の公営保険といわれています。

社会政策的保険の代表は、社会保険で、これには、健康保険、国民健康保険、厚生年金保険、雇用保険、労働者災害補償保険、介護保険、船員保険などがあります。

また、経済政策的保険は、産業の保護、育成を目的として経済政策的見地から行われる保険で、産業保険ともいわれ、これには、貿易保険、農業保険、森林保険、中小企業信用保険、漁船保険などがあります。なお、公営保険は、政策の視点から公保険ともいわれています。

② 私営保険

私営保険は、上記の公営以外の民間の組織が営む生命保険や損害保険で、民営保険とも私保険とも呼ばれています。

（3）生命保険と損害保険

人の生死を対象とする定額の保険が生命保険、発生した損害をてん補する保険が損害保険です。すなわち、生命保険は「人の生死」を保険事故とし、その事故があった場合に「一定の金額」を支払うことが特徴で、損害保険は「損害をてん補（実損てん補)」することが特徴です。

なお、1996年４月、約半世紀ぶりに保険業法の改正が行われ、子会社方式による生損保の相互乗り入れができるようになり、生命保険と損害保険の垣根は低くなってきています。

また、2010年４月に施行された保険法では、保険契約を「損害保険契約」「生命保険契約」及び「傷害疾病定額保険契約」の三つに区分し、それぞれ損害保険契約に関する規定、生命保険契約に関する規定、傷害保険契約に関する規定が適用されます。

（4）第三分野の保険

がん保険や医療保険、傷害保険、介護保険、所得補償保険など生命保険と損害保険の境界に当たる保険を第三分野保険といいます。

死亡保障を中心にした生命保険を第一分野、損害をてん補する損害保険を第二分野と呼ぶことに対応しています。

なお、保険法は、「保険契約のうち、保険者が人の傷害疾病に基づき一定の給付を行うことを約するもの」を傷害疾病定額保険契約として、生命保険契約とも損害保険契約とも異なる契約類型としています。

また、「損害保険契約のうち、保険者が人の傷害疾病によって生ずることのある損害をてん補することを約するもの」を傷害疾病損害保険契約として損害保険契約の特則を設けています。

保険の第三分野の概要は、図表 7-1 のとおりです。

[図表 7-1]　保険の第三分野

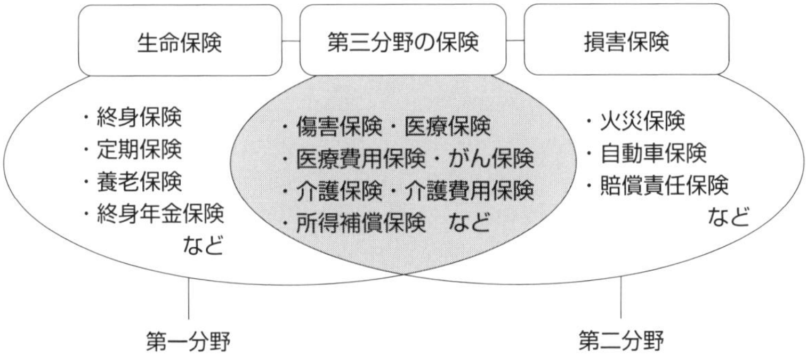

生 命 保 険…………人の生死に関して一定金額の保険金を支払う契約（定額給付）である。「人保険」ともいう。

損 害 保 険…………偶然の事故によって生じる実際の損害に応じて保険金を支払う契約（実損払い）である。「物保険」ともいう。

第三分野の保険……生命保険と損害保険のいずれにも属さない、人のけがや病気などに備える保険のことである。

（５）少額短期保険

少額短期保険とは、保険金額が少額（1,000万円以下）で、保険期間が短期（１年又は２年）の保険をいいます。生命保険事業と損害保険事業は、同一事業者が両方を兼営することが禁止されていますが、少額短期保険業の登録では、生命保険業・損害保険業の区分は法令上ありません。こうした特徴を活かして少額短期保険では、死亡保険、医療保険、家財保険、ペット保険など多種多彩な保険商品が提供されています。

（６）共　　済

共済とは、組合員の福利厚生又は経済的な危険や不測の事故に対して実施する相互扶助制度です。共済は保険類似の制度として、組合員の病気やけが、火災、自動車事故などに対して一定の給付を行います。

共済の中でも全国的に事業を展開している代表的なものとして、JA共済と全労済（全国労働者共済生活協同組合連合会）があります。

JA共済は、農林水産省の監督のもとに行われている共済事業で、組合員に対して生命・建物・自動車などの各種共済による「ひと・いえ・くるま」の生活総合保障を提供しています。

全労済は、厚生労働省の監督のもとに行われている共済事業で、組合員に対して遺族保障（せいめい共済など）、医療保障、障がい・介護保障、老後保障（ねんきん共済など）、くるまの補償などの保障を提供しています。

以上の共済のほか、厚生労働省の監督のもとに全国生協連（全国生活協同組合連合会）が組合員を対象に行っている県民共済（都民共済・道民共済・府民共済・全国共済）やコープ共済連（日本コープ共済生活協同組合連合会）が行っているCOOP共済などがあります。

２．デリバティブ

デリバティブ（Derivative）とは金融派生商品と訳され、ベースとなる商品（原資産という）から派生して作られた金融商品のことをいいます。先物

（フューチャー）取引、オプション取引、スワップ取引といったものがあります。デリバティブ取引には、少額の資金で取引できるというメリットと、投機的な機能とヘッジ機能という二つの機能・特徴があります。

（1）先物取引

先物取引とは、一般的に将来のある時期に受け渡しする条件で、特定の資産を売買する取引のことをいいます。よく耳にするものとして、国債先物取引や株価指数先物取引などがあります。商品ファンドの運用対象も穀物や貴金属などの商品先物です。

その仕組みは、清算時点（あらかじめ決められている）の原資産価格を決めておき、その時点で現物を受け渡すか、反対売買により差金決済するというものです。

例えば、２カ月先の日経225株価指数を３万円と決めて取引が成立すると、２カ月後の清算日には、日経225株価指数の時価がいくらであるかにかかわらず、買い方・売り方双方が３万円で清算します。

（2）オプション取引

オプション取引とは、特定の資産（原資産）を将来のある時期に（あるいは時期までに）、特定の価格で買う権利（コール・オプション）もしくは売る権利（プット・オプション）を売買する取引のことです。

株式市場を対象としたものに日経225オプション、日経300オプション、業種別株価指数オプション、TOPIX（東証株価指数）オプション、個別株オプションがあります。

権利の売買なので、原資産を売買しているのとは異なります。例えば、２カ月先に日経225株価指数を３万円で買う権利（コール・オプション）を買っても、権利を行使しなければ、満期日に権利が消滅（オプション料の喪失）するだけです。

オプション取引には、先物取引と同じくリスクヘッジ機能があり、アービトラージ取引（裁定取引）が可能ですが、先物取引より多彩な使い方ができます。

（3）スワップ取引

スワップとは元来「交換」という意味です。主なスワップ取引として金利スワップと通貨スワップがあります。スワップ取引は、顧客と金融機関の間の相対取引で行われます。

金利スワップは、固定金利を変動金利、変動金利を固定金利に変更したいときに利用します。元本の交換は行われず、金利のみが交換される取引です。

通貨スワップは、外貨建債権債務を円建てに、円建債権債務を外貨建てに変更したいときに利用します。元本の受け渡しが行われます。

（4）天候デリバティブ

最近の異常気象や天候不順により、企業や農家が被るリスクは増大しつつあります。このようなリスクをヘッジする目的である金融商品の一つに、天候デリバティブがあります。あらかじめ一定のプレミアム（オプション料）を支払うことで、気温・降水量・風速などの一定の指標を定めて、その間の指標が一定の条件を満たした場合には損害の有無にかかわらず所定の金額を受け取ることができる仕組みになっています。

異常気象による、企業の収益減少、費用増加など通常の保険では処理できないリスクをカバーすることができますが、指標の結果が条件を満たさない場合には、財物損壊や利益喪失があっても受取金は支払われません。

なお、天候リスクをヘッジする保険商品には、異常気象保険があります。同様のリスクヘッジ機能がありますが、同保険は保険商品の性質上、特定した原因による損害に対してのみ補償が行われます。また、保険金の支払額は実損を超えることはありません。

一方、天候デリバティブは、その原因に関係なく、あらかじめ決められた支払い条件を満たせば、実損額に関係なく支払いが決定します。

第2部　企業を取り巻く様々なリスクへの対応

デロイトトーマツが調査した「企業のリスクマネジメントおよびクライシスマネジメント実態調査 2023 年版」[25] によると、日本国内において、優先的に着手すべきリスクの 1 位～ 10 位には下記のようなリスクが挙げられています。

・人材流失、人材獲得の困難による人材不足
・原材料ならびに原油価格の高騰
・サイバー攻撃・ウイルス感染等による情報漏洩
・異常気象（洪水・暴風など）、大規模な自然災害（地震・津波・火山爆発・地磁気嵐）
・サイバー攻撃・ウイルス感染等による大規模システムダウン
・事業に影響するテクノロジーの変革
・製品 / サービスの品質チェック体制の不備
・サプライチェーン寸断
・市場における価格競争
・長時間労働、過労死、メンタルヘルス、ハラスメント等労務問題の発生

これらの中には、第 1 部で既に述べた内容もありますが、主なものを第 2 部で取り上げます。

25　2023 年 10 月中旬～ 10 月末日にかけ、日本国内に本社を構える上場企業約 3,500 社を対象とし調査。有効回答社数は 325 社としている。
（https://www2.deloitte.com/content/dam/Deloitte/jp/Documents/risk/frs/jp-frs-risk-and-crisis-managment-survey-2023-jp.pdf）

第8章 自然災害リスク

自然災害リスクとは、地震、津波、台風、豪雨などの自然災害によって生じるリスクのことです。地震、津波や台風などによって引き起こされる河川洪水、集中豪雨などによる施設の水災、強風、竜巻などによる風災などの自然災害は企業活動を妨げる大きな要因になります。

2011年3月11日に発生した東日本大震災は東北地方を中心に深刻な被害を与え、サプライチェーンの寸断や電力供給不足をもたらし、被災地のみだけでなく国内外の企業に影響を及ぼしました。

また、2016年4月14日には熊本地震が発生し、震度６弱以上を観測する地震が７回発生しましたが、うち２回は震度７と大きく、熊本県を中心に、多数の家屋倒壊、土砂災害等の甚大な被害をもたらしました。

さらに、2024年１月１日 には能登半島地震が発生し、能登地域を中心に多数の家屋が倒壊したほか、火災により多くの家屋が焼失するなど甚大な被害が発生しました。

大地震が頻発する中で、大地震の発生が特に警戒されていなかった地域においても、その警戒と備えの必要性が強く認識されています。また、近い将来に発生が予想される南海トラフ巨大地震については、広域での強い揺れと大きな津波に対する備えが必要とされています。

以下では、前述した地震リスクと、最近の異常気象を踏まえ、特に警戒すべき風水害リスクについてその概要を述べます。

1. 地震リスク

（1）地震リスクの特徴

地震リスクとは、地震が発生したときに、建物や人にどのくらいの被害が生じるかの損失可能性です。地震リスクを評価するには、地震ハザード情報（地震の発生頻度や規模、揺れの強さなど）と、建物や人の脆弱性（倒壊や死傷のしやすさなど）を組み合わせて、被害の予測を行います[26]。地震リスクを知ることは、地震に対する防災対策や備えを考える上で重要です。

地震の特徴は発生前の警告時間、すなわちリードタイムがほとんどないことです。風水害は気象観測技術の発達により、リードタイムがあるため事前の準備ができますが、地震は突発的に発生するのでパニックになり、大地震が発生するとその被害は膨大なものとなります。しかも、地震はいつどこで発生するかを予測することが極めて困難とされています[27]。このようなことが、地震による被害を広範囲かつ甚大な損害を与えるものとしています。

さらに、地震は同じ地域で、周期的に発生していることが知られています。例えば、1997年1月に阪神・淡路大震災（兵庫県南部地震）が発生しましたが、当時関西では地震が少ないといわれていたので、この発生には大変驚いた人が多かったようです。

しかしながら、歴史的にみると決してそのようなことはありません。関西あるいは西日本ではここ100年程度の間でも1,000人以上の死者又は行方不明者を出した地震は6回発生しています。

すなわち、1891年濃尾地震（M8.0、死者7,273人）、1943年鳥取地震（M7.2、死者1,083人）、1944年東南海地震（M7.9、死者・行方不明者1,223人）、1945年三河地震（M6.8、死者2,306人）、1946年南海地震（M8.0、死者1,330人）、1948年福井地震（M7.1、死者3,769人）の6地震は西日本で起きています。しかも、このうち濃尾地震、鳥取地震、三河地震、福井地震は都市の近くで発生し、兵庫県南部地震とよく似ている地震でした[28]。

地震の記憶は失われやすく、繰り返し思い出すことが重要であり、これが日

26　防災科学技術研究所（防災科研）では、将来日本で発生する恐れのある地震の揺れによる建物被害、人的被害を予測した「全国概観版地震リスク評価」を提供している。（https://www.j-shis.bosai.go.jp/srm）

27　南海トラフ沿いの大規模地震の予測可能性に関する調査部会「南海トラフ沿いの大規模地震の予測可能性について」（2017年8月）では、「現在の科学的知見からは、確度の高い地震の予測は難しい」とされた。河田恵昭（2018）p.187より。

28　平田直（2016）pp.25-26

常的な備えを促すことになるのです。

（2）我が国の現状

我が国は世界的にも地震が多発する地域にあります。国土面積は世界のわずか0.25%に過ぎませんが、地震の発生回数は、世界の約２割と極めて高い割合を占めています。また、2011年～2020年でみると、マグニチュード6.0以上の地震については、全世界の17.9%が日本周辺で発生しています[29]。

日本列島付近は、北米プレート、ユーラシアプレート、太平洋プレート、フィリピン海プレートの四つのプレートが衝突するという、世界的にみても地殻変動が活発な地域です。日本列島はユーラシアプレートと北米プレートの上に乗っていますが、太平洋プレートが西向きに移動してきて「北米プレート」にぶつかり、「日本海溝」などで地下に潜り込みます。また、「フィリピン海プレート」は北向きに移動してきてぶつかり、「南海トラフ」で地下に潜り込みます。このプレートどうしの摩擦が原因で地震が起こります。

このように、プレートの浮き沈みにより発生するプレート境界型の巨大地震や、プレート運動に起因する内陸域の断層の活動に伴う内陸型地震等により、我が国では頻繁に大きな被害が発生してきました。

（3）我が国で発生する地震のタイプ

地震は、断層運動によって起こり、①プレート境界で発生する地震、②プレート内で発生する地震、③内陸部の活断層を震源とする地震、の３タイプに大きく分類されます[30]。これは、地震の起こる場所や仕組みによる分類です[31]。

既に述べたように、太平洋側で海洋プレートが陸のプレートの下に沈み込ん

29　一般財団法人国土技術研究センター（JICE）ホームページより。（https://www.jice.or.jp/knowledge/japan/commentary12）

30　「我が国で発生する地震」内閣府防災情報のページ

31　地震災害対策上、どのような震災が発生する可能性があるかに重点を置いた分類としては、海溝型地震や直下型地震という名称もある。

でいるため、海洋プレートの沈み込みとそれに伴う陸地の圧縮により、日本各地で様々な地震が発生します。

① プレート境界で発生する地震

プレート境界の断層運動による地震をプレート境界型地震といいます。太平洋プレートやフィリピン海プレートの沈み込みに伴って、陸側のプレートの端が引きずりこまれ、限界に達したときに陸側のプレートが跳ね上がり、地震が発生します。後述する東海地震はこのタイプで将来の発生が懸念されています。

Ｍ８クラスの巨大地震の事例では、次のようなものがあります。

・関東大地震（1923 年、M 7.9、死者・行方不明者約 14 万人）

・東南海地震（1944 年、M 7.9、死者・行方不明者 1,223 人）

② プレート内で発生する地震

プレートの内部で大規模な断層運動が起こり、地震が発生するケースであり、次のような事例があります。。

[図表 8-1]　世界の主なプレートと地震の分布

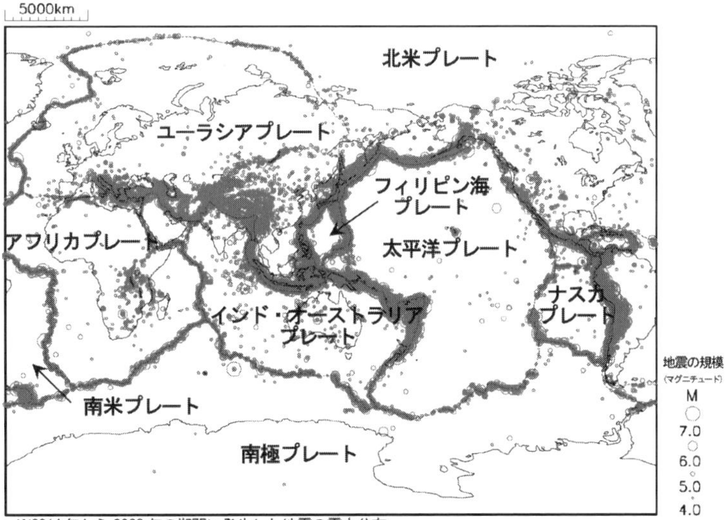

※2014 年から 2023 年の期間に発生した地震の震央分布。
点線は主要なプレート境界。震源データは、米国地質調査所による。

出所：「地震の起こる場所－プレート境界とプレート内－」（気象庁）。
（https://www.data.jma.go.jp/eqev/data/jishin/about_eq.html）

[図表 8-2] 日本近海のプレート

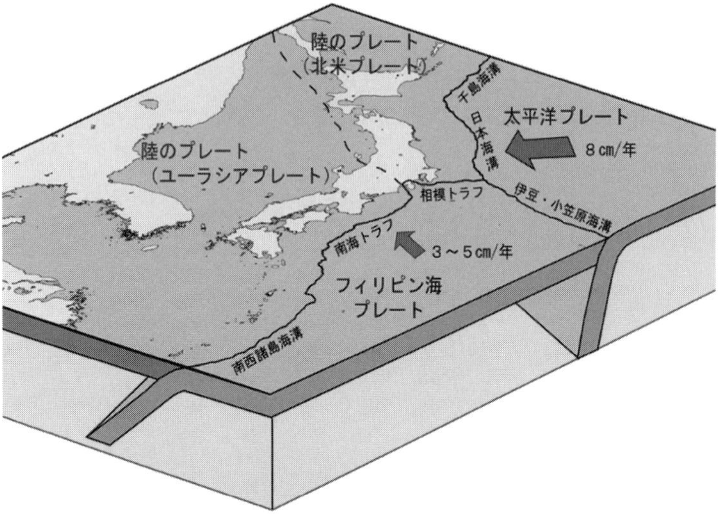

出所：「日本周辺で地震の起こる場所」（気象庁）。
（https://www.data.jma.go.jp/eqev/data/nceq/nihonchishima.html）

・昭和三陸地震（1933 年、M 8.1、死者・行方不明者約３千人）

・釧路沖地震（1993 年、M 7.5、死者２人）

・北海道東方沖地震（1994 年、M 8.2、死者０人）

③ 内陸部の活断層を震源とする地震

内陸部の活断層が活動すると、震源が地表面に近いため、マグニチュードが小さくても甚大な被害になることがあります。

1995 年に発生した兵庫県南部地震（M 7.3、死者 6,434 人）はこのタイプです。

（４）東海・東南海・南海地震

フィリピン海プレートがユーラシアプレートの下に潜り込む「南海トラフ」のまわりの東海から四国にかけての海域では、過去の文献記録や地質調査などから、東海地震、東南海地震、南海地震が、概ね 100 年から 150 年の間隔でくり返し発生していることが分かっています。それぞれがマグニチュード８になるような巨大地震で、強い地震の揺れのほか、津波も発生し、大きな被害をもたらしてきました。しかも、三つの地震は過去に同時発生したこともあり、今後も危惧されるところです。

① 東海地震

東海地震の想定震源域では、概ね100～150年の間隔で大規模な地震が発生しています。安政東海地震（1854年）から約170年間大地震が発生していないため、いつ大地震が発生してもおかしくないとみられています。

なお、「東海地震対策大綱」（中央防災会議、2003年5月）は、1）被害軽減のための緊急耐震化対策等の実施、2）地域における災害対応力の強化、3）警戒宣言前からの的確な対応、4）災害発生時における広域的防災体制の確立を主なポイントに掲げ、東海地震への対策を取りまとめています。

② 東南海・南海地震

東海地震の震源域と連なる東海から四国（土佐湾）までの南海トラフのプレート境界では、1854年の安政東海地震（M 8.4）と約32時間後に発生した安政南海地震（M 8.4）の後、90年後の1944年に昭和東南海地震（M 7.9）、1946年に昭和南海地震（M 8.0）が発生しています。

しかしながら、昭和東南海地震では、東海地震の想定震源域が未破壊のまま残り、昭和南海地震は、それ以前に同地域で発生した地震に比べやや小さい規模となっています。したがって、この地域には相当なひずみが蓄積されてお

[図表 8-3]　東海・東南海・南海地震の発生地域

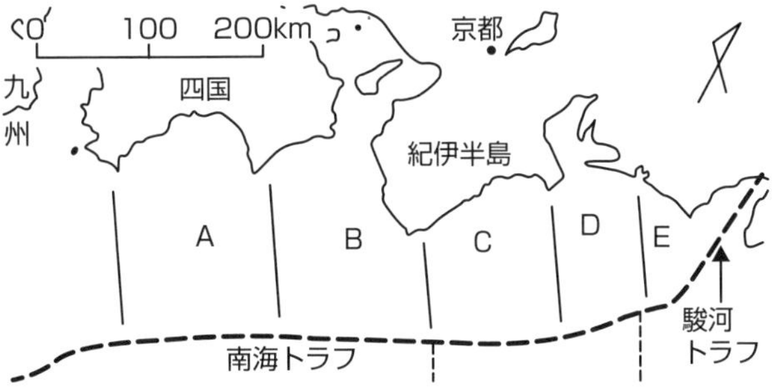

（筆者注）発生地は南海地震（A, B）、東南海地震（C, D）東海地震（E）
出所：「わが国で発生する地震」（内閣府）。
（https://www.bousai.go.jp/jishin/pdf/hassei-jishin.pdf）

り、約170年巨大地震の発生がないことから、いつ大地震が発生してもおかしくないとみられています[32]。

[図表 8-4]　過去の地震の発生状況

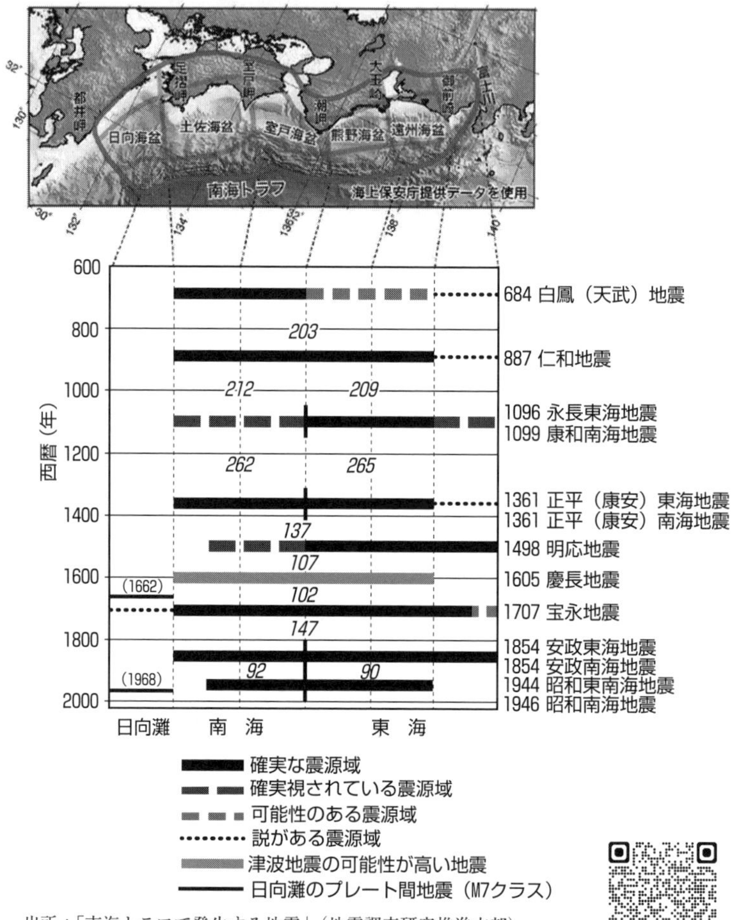

出所：「南海トラフで発生する地震」（地震調査研究推進本部）。
（https://www.jishin.go.jp/regional_seismicity/rs_kaiko/k_nankai/）

32 「東南海・南海地震大綱」（中央防災会議　2003年12月）

（5）東海・東南海・南海の3地震の同時発生

①　南海トラフ地震とは

東海地震と東南海地震、南海地震が同時発生する場合、いわゆる南海トラフにおける連動型巨大地震が発生した場合には膨大な損害が予想されます。

南海トラフは、日本列島が位置する大陸のプレートの下に、海洋プレートのフィリピン海プレートが南側から年間数センチメートルの割合で沈み込んでいる場所です。この沈み込みに伴い、二つのプレートの境界にはひずみが蓄積されています。過去1,400年間を見ると、南海トラフでは約100～200年の間隔で蓄積されたひずみを解放する大地震が発生しています。近年では、昭和東南海地震（1944年）、昭和南海地震（1946年）がこれに当たりますが、既に述べたように、この地域にはまだ相当なひずみが蓄積されていると考えられます。昭和東南海地震及び昭和南海地震が起きてから80年近くが経過しており、南海トラフにおける次の大地震発生の可能性が高まってきています[33]。

南海トラフの巨大地震が起きると、各地を激しい揺れが襲うとともに、沿岸部には最大で30メートルを超える巨大津波が押し寄せるとされています。政府の2013年の想定によると、マグニチュード9.1の巨大地震が起きた場合、最悪の場合、関東から九州にかけての30の都府県で合わせておよそ32万3,000人が死亡し、揺れや火災、津波などで238万棟余りの建物が全壊したり焼失したりすると推計されています。

地震発生から1週間で、避難所や親戚の家などに避難する人の数は最大で950万人、およそ9,600万食の食料が不足するとされています。

さらに、被害を受けた施設の復旧費用や企業や従業員への影響も加えると、経済的な被害は国家予算の2倍以上に当たる総額220兆3,000億円に上るとされています。

一方で、早めの避難や防災対策によって被害が軽減される効果も示されています。多くの人が早めに避難した場合、津波の犠牲者は最大でおよそ80％少

33 「南海トラフで発生する地震」（地震調査研究推進本部）
（https://www.jishin.go.jp/regional_seismicity/rs_kaiko/k_nankai/）

なくなり、建物の耐震化率を引き上げれば、建物の倒壊はおよそ40％減らせると推計しています。

内閣府が、最新のデータをもとに2019年５月に公表した推計では、当初の想定に比べて死者数は３割近く減っておよそ23万1,000人に、全壊又は焼失する建物は１割余り減っておよそ209万4,000棟になるとしています[34]。

［図表8-5］ 南海トラフ地震の被害想定

	2013年想定	2019年５月公表推計
死者	32万3,000人	23万1,000人
全壊・焼失	238万棟余り	209万4,000棟
建物等の直接被害	220兆3,000億円	171.6兆円

出所：「南海トラフ地震の被害想定等について」（内閣府）
（https://www.soumu.go.jp/main_content/000797692.pdf）、
「南海トラフ地震防災対策推進基本計画フォローアップ結果（概要）」（内閣府）
（https://www.bousai.go.jp/jishin/nankai/pdf/nankaitrough_keikaku_followup_gaiyou.pdf）
を参考に作成。

② 南海トラフ地震発生の可能性

地震調査研究推進本部では、南海トラフ全体を１つの領域として考え、この領域では大局的に100～200年で繰り返し地震が起きていると仮定して、地震発生の可能性を評価し、将来の地震発生の可能性を以下のようにまとめています。

【将来の地震発生の可能性】

地震の規模	Ｍ８～Ｍ９クラス
地震発生確率	30年以内に、70％～80％
地震後経過率（注）	0.88
平均発生間隔	88.2年

（注）最新活動（地震発生）時期から評価時点までの経過時間を、平均活動間隔で割った値。
最新の地震発生時期から評価時点までの経過時間が、平均活動間隔に達すると1.0となる。
出所：「南海トラフで発生する地震」（地震調査研究推進本部）。
（https://www.jishin.go.jp/regional_seismicity/rs_kaiko/k_nankai/）

34 「南海トラフ巨大地震 被害想定 死者32万人超」（NHK 災害列島命を守る情報サイト）（https://www3.nhk.or.jp/news/special/saigai/natural-disaster/natural-disaster_04.html）

③　南海トラフ地震臨時情報

「南海トラフ地震臨時情報」は、南海トラフ沿いで異常な現象を観測された場合や地震発生の可能性が相対的に高まっていると評価された場合等に、気象庁から発表される情報です。情報名の後にキーワードが付記され、「南海トラフ地震臨時情報（調査中）」等の形で情報発表されます。中央防災会議は、2019年5月、情報が出た際に自治体や住民などがとるべき対応について国の防災計画に盛り込みました。

気象庁において、マグニチュード6.8以上の地震等の異常な現象を観測した後、5～30分後に南海トラフ地震臨時情報（調査中）が発表されます。その後、「南海トラフ沿いの地震に関する評価検討会」の臨時会合における調査結果を受けて、該当するキーワードを付した臨時情報が発表されます。政府や自治体から、キーワードに応じた防災対応が呼びかけられると、呼びかけの内容に応じた防災対応を行わなければなりません。

【南海トラフ地震臨時情報の概要】

イ．巨大地震警戒

想定震源域の半分程度がずれ動く（半割れ）など陸側のプレートと海側のプレートの境目でマグニチュード8.0以上の地震が起きたことが確認され、次の巨大地震に対して警戒が必要とされた場合に発表されます。

国のガイドラインが示した防災対応は、「地震が発生した時に津波からの避難が明らかに間に合わない地域の住民は事前に避難する」などです。

ロ．巨大地震注意

プレートの境目でマグニチュード7.0以上8.0未満の地震が確認されたり、想定震源域の周辺でマグニチュード7.0以上の地震が確認されたりして、その後の巨大地震に注意が必要とされた場合に発表されます。この場合の防災対応は、「日頃からの備えを再確認し、必要に応じて自主的に避難する」です。

また、揺れを伴わずにプレートの境目がゆっくりとずれ動く「ゆっくりすべり（スロースリップ）」が通常とは異なる場所などで観測された場合も「巨大地震注意」の情報が発表されます。この場合の防災対応は、「避難場所や家具の固定を確かめるなど、日頃からの備えを再確認する」です。

ハ．調査終了

巨大地震警戒、巨大地震注意のいずれにも当てはまらない現象と評価した場合調査終了となります。発生に注意しつつ通常の生活を行います。

［図表 8-6］ 南海トラフ地震臨時情報の概要

南海トラフ地震臨時情報	発表条件	■南海トラフ沿いで異常な現象が観測され、その現象が南海トラフ沿いの大規模な地震と関連するかどうか調査を開始した場合、または調査を継続している場合 ■観測された異常な現象の調査結果を発表する場合
キーワード	調査中	■観測された異常な現象が南海トラフ沿いの大規模な地震と関連するかどうか調査を開始した場合、または調査を継続している場合
キーワード	巨大地震警戒	■南海トラフ沿いの想定震源域内のプレート境界においてM8.0 以上の地震が発生したと評価した場合
キーワード	巨大地震注意	■南海トラフ地震の想定震源域内のプレート境界においてM7.0 以上、M8.0未満の地震が発生したと評価した場合 ■想定震源域のプレート境界以外や、想定震源域の海溝軸外側50km程度までの範囲でM7.0以上の地震が発生したと評価した場合 ■ひずみ計等で有意な変化として捉えられる、短い期間にプレート境界の固着状態が明らかに変化しているような通常とは異なるゆっくりすべりが観測された場合
キーワード	調査終了	■巨大地震警戒、巨大地震注意のいずれにも当てはまらない現象と評価した場合

出所：「南海トラフ地震臨時情報とは」（内閣府防災情報のページ）。
（https://www.bousai.go.jp/jishin/nankai/rinji/index3.html）

④ 南海トラフ地震臨時情報の発表

2024 年８月８日午後４時 43 分ごろ、宮崎県で最大震度６弱を観測する地震が発生しました。震源は日向灘で、震源の深さは約 30 キロ、地震の規模はマグニチュード 7.1 と推定されました。気象庁は今後１週間以内に大規模地震が発生する可能性が平時より高まっているとして、南海トラフ臨時情報の「巨大地震注意」を初めて発表しました。対象は茨城から沖縄までの 29 都府県 707 市町村でした。

なお、地震活動などに特段の異常が観測されなかったことから、8 月 15 日 17 時に解除されました。

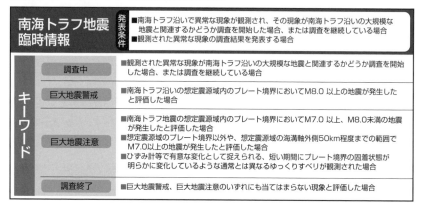

２．企業の地震リスク対策

（１）企業の地震対策の基本

地震リスクの概要は前項で述べたようなものですが、企業はこれらのリスクに対して種々の対策を講じる必要があります。

地震対策は、リスクマネジメントの一環であり、適切な体制を構築するためには、それに係るコストを見込む必要があります。また、中長期的な視点で取り組む必要があり、経営計画における「リスク管理」の一項目として認識する必要があります。

地震対策としては、① 何のために対策を講じるか（目的）を明確にする、② 地震を知り、危険度を理解する、③ それらを踏まえ、適切な対策を講じる、の３点を明確にすることが重要です[35]。

① 企業防災の目的を明確にする

地域社会の一員（企業市民）としての役割を果たし、社会からの信頼・期待に応えることは、企業が存続するにあたって非常に重要です。特に、近年、地域の防災力強化に向けて企業への期待が高まっています。こうした社会情勢も踏まえて、企業防災の目的を明確に見定めることが必要です。

② 地震による被害を把握する

企業防災の目的を踏まえ、自社に関係する地域でどのような地震が発生し得るか、地震の危険度はどうか、また万一発生した場合どのような被害が生じるのかを具体的に確認していくことが必要となります。

③ 具体的対策を実施する

それらの情報を踏まえ、損害防止のために何をすべきか、被害を受けても最小限にとどめるためには何が必要か検討し、具体的な対策につなげていきます。それが、最初に定めた目的を果たすことにつながります。

なお、時の経過とともに業務内容も変化しますので、講じた対策が常に最適なものであるか適宜フォローする必要があります。

（２）具体的な地震対策

大地震の発生に備え、企業が相応の準備をし、地震対策の策定を行わなければならないことは、消防法や大規模地震対策特別措置法（大震法）などにも謳

35　社団法人 日本経済団体連合会「企業の地震対策の手引き」（2003 年７月）

われていますが、これらを踏まえて、企業は独自で具体的な対策を講じる必要があります。

例えば、中央防災会議の「大規模地震防災・減災対策大綱」では地震の事前対策として以下のようなものを掲げています[36]。

[図表 8-7] 「大規模地震防災・減災対策大綱」における事前対策

1）建築物の耐震化等
2）津波対策
3）火災対策
4）土砂災害・地盤災害対策
5）ライフライン及びインフラの確保対策
6）長周期地震動対策
7）液状化対策
8）リスクコミュニケーションの推進
9）防災教育・防災訓練の充実
10）ボランティアとの連携
11）総合的な防災力の向上
12）地震防災に関する調査研究の推進と成果の防災対策への活用

出所：中央防災会議「大規模地震防災・減災対策大綱」（2016 年 3 月）。

なお、本大綱の位置付けの中で、「これらの大規模地震に対する膨大な量の被害に対しては、災害対策の主体である市町村と国・都道府県との連携による対応の強化・充実は不可欠であるが、行政による公助だけでは限界があり、社会のあらゆる構成員が連携しながら総力を挙げて対処しなければならない。このため、本大綱では、行政による『公助』だけでなく、『自助』『共助』により取り組むべき施策についても記載し、社会全体の取組の重要性を示している」[37] としています。

したがって、行政が行うべきものと、企業として行うべきものとを区別し、企業は独自で対応すべきものについて整備する必要があります。以下では、企

36 中央防災会議「大規模地震防災・減災対策大綱」（2016 年 3 月）
37 同大綱 p.12

業が実施すべき事前対策と考えられるものについて抜粋、要約して説明を加えておきます。

① 建築物の耐震化等

住宅その他建築物、公共施設等の耐震化、エレベータ内の閉じ込め防止技術の導入促進、家具等の固定、ガラスの飛散防止、屋外転倒物・落下物の発生防止対策等が挙げられています。

耐震化については、まず耐震診断を行い、耐震性が十分でなければ耐震改修をすることが必要です。特に、昭和 56（1981）年以前の建物（増改築を含みます）は耐震診断を受ける必要があります。

② 津波対策

安全で確実な避難の確保、ハザードマップの確認、津波避難計画の策定、情報伝達手段の多重化・多様化、適切な避難行動の周知徹底等が挙げられています。

津波が来襲した時には、社員の安全な避難が最重要課題です。企業の立地条件や想定される避難時間から、避難場所や避難体制を事前に確立することが重要です。

次に、社内の資機材、重要文書、データを保護することが重要です。例えば、海水に浸かることで事業継続に支障をきたすような資機材や重要文書については、設置場所や保管場所の再検討が必要です。

③ 火災対策

出火防止対策、初期消火対策、木造住宅密集市街地等における延焼被害軽減対策、避難体制の整備が挙げられています。

なお、消防法では、大規模地震等に対応した消防計画の作成や自衛消防組織設置が義務付けられています。

④ 防災教育・防災訓練の充実

教育・訓練は、構築された地震防災対策が、有事の際に実際に機能する確度をあげるものです。適切な教育と訓練をなおざりにすると、防災対策は実効性を伴わずに終わる可能性があります。

⑤ 総合的な防災力の向上

企業と地域との連携、顧客・従業員等の生命の安全確保、リスクファイナンス、地域社会との連携による被害軽減の実現が挙げられています。

地方自治体では、家庭での防災対策に関する用具・知識の普及に取り組んでいます。社員及びその家族の安全確保を期すために、地方自治体の取組と密着した指導を社員の家庭にも行い、防災対策の充実を図る必要があります。

また、ライフラインの停止が予想されるため、大都市においては震災直後の数日間は、生活必需品の配布さえ満足に行われないと考えられます。震災発生から３日間は自活するつもりで準備する、というのが地震対策の鉄則です。

さらに、関連企業や顧客の被災状況を確認することも重要です。

Column

海溝型地震と直下型地震

地震災害対策上、どのような震災が発生する可能性があるかに重点を置いた分類としては、海溝型地震と直下型地震（首都直下型地震、中部圏・近畿圏直下型地震）があります。

既に述べてきた東海・東南海・南海地震は海溝型地震といえます。海のプレートが海溝で沈み込むときに陸地のプレートの端が巻き込まれ、やがて、巻き込まれた陸のプレートの端は反発して跳ね上がり、巨大な地震を引き起こします。この跳ね上がりによって起こる地震を海溝型地震と呼んでいます。1923年の関東地震、1968年の十勝沖地震、2011年の東北地方太平洋沖地震は海溝型地震です。

一方、海のプレートの動きは、海溝型地震の原因となるだけでなく、陸のプレートを圧迫し、内陸部の岩盤にも歪みを生じさせます。ひずみが大きくなると、内陸部の地中にあるプレート内部の弱い部分で破壊が起こります。こうして起こる地震を直下型地震といいます。

直下型地震は、海溝型の巨大地震に比べると規模は小さいのですが、局地的に激震を起こします。特に、都市直下の浅い所を震源とする場合には大きな被害をもたらします。

1995年の兵庫県南部地震、2016年の熊本地震、2018年の北海道胆振東部地震は直下型地震です。

（東京都防災ホームページ[38]を参照し記述）

Column

災害素因と災害誘因

地震や風水害などの災害の要因や対策を考える場合には、素因と誘因とに区別する必要があります。自然災害は「誘因」が「素因」に作用して発生すると説明できます。

素因とは、その社会や地域が持っている災害に関わる性質のことです。過度の曝露性（地震による危険にさらされている場所に人や資産の存在していること）、建物の脆弱性（耐震化、不燃化されていない家屋）、回復力（災害が発生した後に迅速に元の社会生活や経済生活に戻す力）の欠如は社会そのものに内在する災害の要因、すなわち「災害素因」です。

誘因とは災害を発生させる引き金となる自然の現象です。災害素因の多い社会を地震が襲えば大きな災害が発生します。社会への外力として働く自然力が災害の原因、すなわち「災害誘因」となります。既に説明したハザード（Hazard）とほぼ同義です。

以上のように、災害の原因としての自然現象はあくまで災害のきっかけに過ぎず、災害の根本的な原因は、社会に内在する要因（素因）であり、自然の力はあくまで災害の誘因であることが分かります。

ところで、地震と震災が区別されず混同して使われることがあります。地震は災害の誘因としての自然現象で、震災は地震によって引き起こされる社会、経済における被害現象です。

例えば、関東大震災の誘因となった地震は関東地震であり、同様に阪神淡路大震災は兵庫県南部地震、東日本大震災は東北地方太平洋沖地震がそれぞれ誘因となっています。そして、これらの地震の被害状況と誘因・素因を見るとそ

38　東京都防災ホームページ
（https://www.bousai.metro.tokyo.lg.jp/bousai/1000929/1000305.html）

れぞれの違いが分かります。

まず、誘因は地震に伴う揺れの大きさや津波の高さということになります。それぞれの犠牲者を見ると、関東大震災は９割の方が火災により、阪神淡路大震災は８割５分の方が建物の倒壊や家具の転倒により、東日本大震災は９割の方が津波で亡くなっています。したがって、それぞれの素因は、建物の非耐火性、建物の非耐震性、堤防の高さ不足などを挙げることができます。このように考えると、地震が発生する前に、ある程度の被害の予測と対策を講じることができるようになります。

（平田直（2016）pp.38-42 を参考に記述）

Column

地震防災戦略の策定

2005 年３月 30 日の中央防災会議において、大規模地震に関する人的被害、経済被害の軽減について達成時期を含めた具体的目標（減災目標）を定め、これを達成するために重点的かつ戦略的に取り組むべき事項をとりまとめた地震防災戦略が策定されました。

地震防災戦略は、成果重視の行政運営の考え方を、防災分野に、より明確かつ積極的に取り入れる「新たな防災行政の視点」から、特に喫緊の課題である迫りくる巨大地震対策において取り組んだ最初の試みです。

中央防災会議では、主要な地震が発生した場合における被害想定を公表し、その対策に関する地震対策大綱を定めています。2005 年３月に東海地震大綱と東南海・南海地震大綱、2006 年４月に首都直下型地震大綱、2008 年 12 月に日本海溝・千島海溝周辺海溝地震大綱などの地震対策大綱が定められています。そして、2016 年３月に大規模地震防災・減災対策大綱を定め、これまで策定してきた地震対策大綱を統合しました。

この中で、東海地震大綱、東南海・南海地震大綱では、「今後 10 年で死者数及び経済被害額を半減させる」という「減災目標」を掲げ、それを達成するための「具体目標」として、住宅の耐震化率 90％を目指すことや、全ての沿岸市町村で津波ハザードマップ策定を目指すことなどを定めています。

（内閣府防災情報のページ「地震防災戦略」[39]）より

Column

防災基本計画

防災基本計画は、我が国の災害対策の根幹をなすものであり、災害対策基本法第 34 条に基づき中央防災会議が作成する防災分野の最上位計画として、防災体制の確立、防災事業の促進、災害復興の迅速適切化、防災に関する科学技術及び研究の振興、防災業務計画及び地域防災計画において重点をおくべき事項について、基本的な方針を示しています。

この計画に基づき、指定行政機関及び指定公共機関は防災業務計画を、地方公共団体は地域防災計画を作成しています。

なお、本計画は 1963 年に策定され、災害対応の教訓を踏まえた一部修正が繰り返し行われています。例えば、1995 年には阪神・淡路大震災、2011 年には東日本大震災の教訓を踏まえた修正が行われています。最近では、2024 年 6 月、令和 6 年能登半島地震等災害対応の教訓、施策の進展等を踏まえ修正されました。

(内閣府防災情報のページ「防災基本計画」[40] より)

Column

大震法(大規模地震対策特別措置法)

大震法(大規模地震対策特別措置法)は、大規模な地震にかかわる地震予知情報が出された場合の防災対策の整備強化について定めている法律で、1978 年 12 月に施行されました。

その前提となっているのは、東海地震は予知できるという考え方です。

39 内閣府防災情報のページ「地震防災戦略」
(https://www.bousai.go.jp/kaigirep/hakusho/h17/bousai2005/html/honmon/hm100200.htm)

40 内閣府防災情報のページ「防災基本計画」
(https://www.bousai.go.jp/taisaku/keikaku/kihon.html)

この法では、同法で規定する施設又は事業を管理又は運営する者で、地震防災対策強化地域内の事業所は、あらかじめ地震防災計画を作成し、地震予知が行われた場合には、地震防災計画にしたがって地震防災応急対策を実施することを義務付けています。

規定する事業所とは、①病院、劇場、百貨店、旅館その他不特定かつ多数の者が出入する施設、②石油類、火薬類、高圧ガスその他政令で定めるものの製造、貯蔵、処理又は取扱いを行う施設、③鉄道事業その他一般旅客運送に関する事業、④その他、地震防災上の措置を講ずる必要があると認められる重要な施設又は事業です。

3. 風水災リスク

（１）我が国の風水災の現状

我が国では、暴風、豪雨、洪水、土砂災害、高潮等の気象災害による被害が毎年のように発生しています。近年では、令和元年東日本台風、令和２年７月豪雨、令和４年８月の大雨、令和４年台風第 14 号、同第 15 号等により、被害が立て続けに発生しています。

また、近年の平均気温の上昇や大雨の頻度の増加など、気候変動とその影響が全国各地で現れており、我が国にとって重要な問題となっています。しかも、日本の年平均気温は、100 年あたり 1.19℃の割合で上昇しており、猛烈な雨（1 時間降水量 80mm 以上の雨）の年間発生回数も増加しています。

地球温暖化の進行に伴って、大雨や短時間に降る強い雨の頻度は今後さらに増加すると予測されており、台風や豪雨による風水害・土砂災害発生リスクが高まっています[41]。

さらに、利用可能な土地が限られていることから、河川反乱や土砂災害が発生する危険区域に人口や社会の中枢機能が集中しているなど、災害が発生する

41 内閣府防災情報のページ「水害被害（風水害・土砂災害）」
（www.bousai.go.jp/kyoiku/hokenkyousai/suigai.html）

と、企業活動のみではなく我が国の社会経済活動にも大きな打撃を被ることになります。

（2）企業の風水災リスク対策

事前対策では、地震対策と同じく目的を明確にし、リスク状況を把握した上で、適切な対策を講じることになります。

すなわち、まず事業所の所在地におけるリスクを把握し、さらに従業員に対し周知すべき事項を整理し、これを周知徹底することが基本となります。風水災マニュアルを整備しておく必要がありますが、企業にマッチした準備やルール化を行うことが重要です。

台風や豪雨による水害・土砂災害は、天気予報や進路予想、降雨量等の情報をもとに、事前に早期帰宅や被害軽減措置を行い、被害を最小化することが可能な災害です。地震と異なりリードタイムがあり、刻々と変化する様子が分かり、避難や対策の時間があるので、あらかじめ決められた対策や行動が可能になります。

また、気象庁・国土交通省や市町村等からの勧告等に応じた対応も求められます。このため、水害・土砂災害への対応は状況の進展に応じて、段階的に対応することが基本となります。

リスク状況の把握については、国土交通省が公開しているハザードマップ（危険予測図）を活用して、会社や事業所の周りの「浸水リスク」、「土砂災害リスク」、「津波浸水リスク」を確認できます。それにより自社の事業所の周辺でのリスクをあらかじめつかんでおくことが、災害時の避難行動や事業継続に有効な情報となります。これにより、周辺の危険地域の認識や顧客・従業員の避難先も確認できます。

気象庁から、大雨・洪水・暴風などの特別警報や警報が発令[42]された場合は、災害対策本部などの社内組織が即座に編成できるように準備をしておくこ

42　気象警報・注意報の種類については、気象庁のホームページ参照（https://www.jma.go.jp/jma/kishou/know/bosai/warning_kind.html）

とも重要です。

その他の事前対策としては、日常的に建物、外壁、屋外配管、看板などの破損、ひび、変形、劣化等の有無を点検し、点検結果を記録しておく必要があります。また、災害に備えて、敷地内は設置物の転倒や飛散、塀の倒壊や倒木等を防止する対策を施し、窓ガラスなどに飛散防止フィルムなどを貼るなどの安全対策をします。

さらに、板材、木材、ビニールシートなどに加えて、食糧、医薬品などの資機材、保安用品は常備しておく必要があります。

なお、緊急対策としては、風水害が予想される場合の、操業の中止・制御等の手順を定めておく必要があります。また、社内における従業員の安全確保とともに、社外での避難場所、避難ルートを選定し、確立しておくことも重要です。

Column

災害対策基本法

昭和34（1959）年の伊勢湾台風は、同年９月26日に和歌山県潮岬に上陸し、東海地方を中心に広範囲にわたって死者・行方不明者を5,098人も出すなど、大きな被害をもたらしました。この台風による被害の発生を受け、昭和36（1961）年には、我が国の災害対策に関する基本法制となる「災害対策基本法」（昭和36年法律第223号）が制定されました。

この法律では、二つの政策転換が行われました。一点目は、災害発生後の応急対策に重点が置かれていたそれまでの災害対策を見直し、災害の予防から応急対策、復旧・復興まで一貫した災害対策を実施していくこととした点です。二点目は、総合的な防災対策の推進のため、各分野の取組を総合調整する仕組みを構築した点です。

同法が成立したことにより、「災害を未然に防止し、災害が発生した場合における被害の拡大を防ぎ、及び災害の復旧を図る」と、初めて防災の概念が明確にされました。また、防災に関する各主体の責任を明確にし、具体的な対策・措置を明記するとともに、中央防災会議を始めとする防災会議の設置、防災基本計画を始めとする防災計画の策定等が規定され、総合的かつ体系的な防災の推進体制が確立しました。

（令和５年版 防災白書｜特集１ 第１章第５節５－１ 伊勢湾台風を契機とした総合的な防災体制の確立より）

Column

自助と共助

自助とは、自らの命を自らが守ることを指します。普段から災害に備えて物資の備蓄や、地震で状況を判断し適切な避難行動をとることなどをいいます。

共助とは、近隣が互いに助け合うことを指し、高齢者、障がい者、乳幼児などの要配慮者の避難誘導、生き埋めになった人の救出活動などを行うことです。企業は従業員・施設・物品・資金など、いわゆる人・もの・金といった経営資源を有しており、地域の災害の軽減や復旧に貢献することができます。

なお、公助とは、行政機関が実施する公的な支援を指し、災害発生に備えた啓発・準備・整備や、災害発生時に行う情報提供や避難所運営などの災害対応などを行うことです。

例えば、首都圏で大震災が発生した時、公助だけでは災害対応は不十分であり、いかに共助と自助による備えを進めることができるかが、災害軽減や復旧の鍵となります。

（平田直（2016）p.177-178 などを参考に記述）

《関係法令（抜粋）》

◉災害対策基本法

（目的）

第１条　この法律は、国土並びに国民の生命、身体及び財産を災害から保護するため、防災に関し、基本理念を定め、国、地方公共団体及びその他の公共機関を通じて必要な体制を確立し、責任の所在を明確にするとともに、防災計画の作成、災害予防、災害応急対策、災害復旧及び防災に関する財政金融措置その他必要な災害対策の基本を定めることにより、総合的かつ計画的な防災行政の整備及び推進を図り、もつて社会の秩序の維持と公共の福祉の確保に資することを目的とする。

（防災基本計画の作成及び公表等）

第34条　中央防災会議は、防災基本計画を作成するとともに、災害及び災害の防止に関する科学的研究の成果並びに発生した災害の状況及びこれに対して行なわれた災害応急対策の効果を勘案して毎年防災基本計画に検討を加え、必要があると認めるときは、これを修正しなければならない。

２　中央防災会議は、前項の規定により防災基本計画を作成し、又は修正したときは、すみやかにこれを内閣総理大臣に報告し、並びに指定行政機関の長、都道府県知事及び指定公共機関に通知するとともに、その要旨を公表しなければならない。

◉消防法

（目的）

第１条　この法律は、火災を予防し、警戒し及び鎮圧し、国民の生命、身体及び財産を火災から保護するとともに、火災又は地震等の災害による被害を軽減するほか、災害等による傷病者の搬送を適切に行い、もつて安寧秩序を保持し、社会公共の福祉の増進に資することを目的とする。

（消防計画の作成）

第８条の２　高層建築物（高さ31メートルを超える建築物をいう。第８条の３第１項において同じ。）その他政令で定める防火対象物で、その管理について権原が分かれているもの又は地下街（地下の工作物内に設けられた店舗、事務所その他これらに類する施設で、連続して地下道に面して設けられたものと当該地下道とを合わせたものをいう。以下同じ。）でその管理について権原が分かれているもののうち消防長若しくは消防署長が指定するものの管理について権原を有する者は、政令で定める資格を有する者のうちからこれらの防火対象物の全体について防火管理上必要な業務を統括する防火管理者（以下この条において「統括防火管理者」という。）を協議して定め、政令で定めるところにより、当該防火対象物の全体についての消防計画の作成、当該消防計画に基づく消火、通報及び避難の訓練の実施、当該防火対象物の廊下、階段、避難口その他の避難上必要な施設の管理その他当該防火対象物の全体についての防火管理上必要な業務を行わせなければならない。

（自衛消防組織の設置と届出）

第８条の２の５　第８条第１項の防火対象物のうち多数の者が出入するものであり、かつ、大規模なものとして政令で定めるものの管理について権原を有する者は、政令で定めるところにより、当該防火対象物に自衛消防組織を置かなければならない。

2　前項の権原を有する者は、同項の規定により自衛消防組織を置いたときは、遅滞なく自衛消防組織の要員の現況その他総務省令で定める事項を所轄消防長又は消防署長に届け出なければならない。当該事項を変更したときも、同様とする。

3　消防長又は消防署長は、第1項の自衛消防組織が置かれていないと認める場合には、同項の権原を有する者に対し、同項の規定により自衛消防組織を置くべきことを命ずることができる。

4　第5条第3項及び第4項の規定は、前項の規定による命令について準用する。

◉警察法

（この法律の目的）

第1条　この法律は、個人の権利と自由を保護し、公共の安全と秩序を維持するため、民主的理念を基調とする警察の管理と運営を保障し、且つ、能率的にその任務を遂行するに足る警察の組織を定めることを目的とする。

（布告）

第71条　内閣総理大臣は、大規模な災害又は騒乱その他の緊急事態に際して、治安の維持のため特に必要があると認めるときは、国家公安委員会の勧告に基き、全国又は一部の区域について緊急事態の布告を発することができる。

◉大震法（大規模地震対策特別措置法）

（目的）

第1条　この法律は、大規模な地震による災害から国民の生命、身体及び財産を保護するため、地震防災対策強化地域の指定、地震観測体制の整備その他地震防災体制の整備に関する事項及び地震防災応急対策その他地震防災に関する事項について特別の措置を定めることにより、地震防災対策の強化を図り、もつて社会の秩序の維持と公共の福祉の確保に資することを目的とする。

（地震防災応急計画）

第7条　強化地域内において次に掲げる施設又は事業で政令で定めるものを管理し、又は運営することとなる者（前条第1項に規定する者を除く。）は、あらかじめ、当該施設又は事業ごとに、地震防災応急計画を作成しなければならない。

一　病院、劇場、百貨店、旅館その他不特定かつ多数の者が出入する施設

二　石油類、火薬類、高圧ガスその他政令で定めるものの製造、貯蔵、処理又は取扱いを行う施設

三　鉄道事業その他一般旅客運送に関する事業

四　前三号に掲げるもののほか、地震防災上の措置を講ずる必要があると認められる重要な施設又は事業

2　第3条第1項の規定による強化地域の指定の際、当該強化地域内において前項

の政令で定める施設又は事業を現に管理し、又は運営している者（前条第１項に規定する者を除く。）は、当該指定があつた日から６月以内に、地震防災応急計画を作成しなければならない。

◉災害救助法

（目的）

第１条　この法律は、災害が発生し、又は発生するおそれがある場合において、国が地方公共団体、日本赤十字社その他の団体及び国民の協力の下に、応急的に、必要な救助を行い、災害により被害を受け又は被害を受けるおそれのある者の保護と社会の秩序の保全を図ることを目的とする。

（救助の対象）

第２条　この法律による救助（以下「救助」という。）は、この法律に別段の定めがある場合を除き、都道府県知事が、政令で定める程度の災害が発生した市（特別区を含む。以下同じ。）町村（第３項及び第 11 条において「災害発生市町村」という。）の区域（地方自治法（昭和 22 年法律第 67 号）第 252 条の 19 第１項の指定都市（次条第２項において「指定都市」という。）にあっては、当該市の区域又は当該市の区若しくは総合区の区域とする。以下この条並びに次条第１項及び第２項において同じ。）内において当該災害により被害を受け、現に救助を必要とする者に対して、これを行う。

◉河川法

（目的）

第１条　この法律は、河川について、洪水、津波、高潮等による災害の発生が防止され、河川が適正に利用され、流水の正常な機能が維持され、及び河川環境の整備と保全がされるようにこれを総合的に管理することにより、国土の保全と開発に寄与し、もつて公共の安全を保持し、かつ、公共の福祉を増進することを目的とする。

（河川管理の原則等）

第２条　河川は、公共用物であつて、その保全、利用その他の管理は、前条の目的が達成されるように適正に行なわれなければならない。

◉砂防法

（総則）

第１条　此ノ法律ニ於テ砂防設備ト称スルハ国土交通大臣ノ指定シタル土地ニ於テ治水上砂防ノ為施設スルモノヲ謂ヒ砂防工事ト称スルハ砂防設備ノ為ニ施行スル作業ヲ謂フ

◉自衛隊法

（災害派遣）

第 83 条　都道府県知事その他政令で定める者は、天災地変その他の災害に際して、人命又は財産の保護のため必要があると認める場合には、部隊等の派遣を防衛大臣又はその指定する者に要請することができる。

2　防衛大臣又はその指定する者は、前項の要請があり、事態やむを得ないと認める場合には、部隊等を救援のため派遣することができる。ただし、天災地変その他の災害に際し、その事態に照らし特に緊急を要し、前項の要請を待ついとまがないと認められるときは、同項の要請を待たないで、部隊等を派遣することができる。

◉地震防災対策特別措置法

（目的）

第1条　この法律は、地震による災害から国民の生命、身体及び財産を保護するため、地震防災対策の実施に関する目標の設定並びに地震防災緊急事業5箇年計画の作成及びこれに基づく事業に係る国の財政上の特別措置について定めるとともに、地震に関する調査研究の推進のための体制の整備等について定めることにより、地震防災対策の強化を図り、もって社会の秩序の維持と公共の福祉の確保に資することを目的とする。

◉地震保険法（地震保険に関する法律）

（目的）

第1条　この法律は、保険会社等が負う地震保険責任を政府が再保険することにより、地震保険の普及を図り、もつて地震等による被災者の生活の安定に寄与することを目的とする。

◉水防法

（目的）

第1条　この法律は、洪水、雨水出水、津波又は高潮に際し、水災を警戒し、防御し、及びこれによる被害を軽減し、もつて公共の安全を保持することを目的とする。

◉土砂災害防止法（土砂災害警戒区域等における土砂災害防止対策の推進に関する法律）

（目的）

第1条　この法律は、土砂災害から国民の生命及び身体を保護するため、土砂災害が発生するおそれがある土地の区域を明らかにし、当該区域における警戒避難体制の整備を図るとともに、著しい土砂災害が発生するおそれがある土地の区域において一定の開発行為を制限し、建築物の構造の規制に関する所要の措置を定めるほか、土砂災害の急迫した危険がある場合において避難に資する情報を提供すること等により、土砂災害の防止のための対策の推進を図り、もって公共の福祉の確保に資することを目的とする。

◉民法

（受任者の注意義務）

第 644 条 受任者は、委任の本旨に従い、善良な管理者の注意をもって、委任事務を処理する義務を負う。

◉会社法

（取締役会の権限等）

第 362 条第 4 項第 6 号

〈「第 5 章内部統制とリスクマネジメント」参照〉

◉会社法施行規則

（業務の適正を確保するための体制）

第 100 条

〈「第 5 章内部統制とリスクマネジメント」参照〉

第9章 情報漏洩リスク

1. 情報漏洩とは

「ヒト・モノ・カネ・情報」は、一般的に重要な企業の経営資源と考えられています。これらのうち、市場や顧客の情報、ノウハウといった無形資産が情報資産に相当しますが、企業にとっては高い資産価値があります。これらの情報資産は、不正アクセスによる個人情報や機密情報の漏洩、コンピュータウイルスによるデータの破壊・改ざん、コンピュータのダウン、ネットワーク障害など様々なリスクにさらされています。

なお、情報漏洩とは、これらの企業の機密情報や個人情報など、企業内に厳重に保管しておかなければならない情報が、何らかの原因によって外部に漏れることをいいます。

特に、個人情報の漏洩については、「個人情報保護法」により、情報漏洩に関する法律や罰則が定められています。

2. 企業内の保護すべき情報[43]

企業内には様々な情報やデータが存在します。特に「機密情報」「個人情報」「顧客情報」の三つは、犯罪に利用されやすいため、外部に漏洩してしまうと非常に危険です。

まず、「機密情報」とは、企業として秘密にしておかなければいけない重大な情報を指します。具体的には、人事情報や自社の財務状況、新製品の開発情報、製造工程図などが含まれている文書が機密情報に該当します。

43 Microsoft「情報漏洩のリスクとは？ 企業で行うべき対策を徹底解説！」などを参考に記述（https://www.microsoft.com/ja-jp/biz/smb/column-risk-of-information-leakage?msockid=098a5a34a11f6a9b18754898a0a86bf6）

次に、「個人情報」とは、生存する個人に関する情報であって、個人を特定できる情報のことです。個人情報には、他の情報と簡単に照らし合わせて確かめることができ、それにより特定の個人を識別することができることとなる情報も含みます

「顧客情報」も企業で保護すべき情報の一つです。例えば、顧客リストや仕入れ価格、商談履歴、問い合わせ履歴など、顧客と関わる際に利用する様々な情報が該当します。顧客情報が漏洩してしまうと、顧客側のサービスや業務に多大な影響が及ぶおそれがあります。そうなれば、信頼を失って取引停止につながるリスクもあるため、顧客情報は企業内で厳重に管理しなければなりません。

3. 情報漏洩の原因[44]

情報漏洩の原因の主なものをピックアップしておきます。ただ、その原因は絶えず変化しており、これらの最新の情報を常に収集することが大切です。IPA（独立行政法人情報処理推進機構）では、毎年「情報セキュリティ 10 大脅威」を公開するなど情報セキュリティに関する情報を発信していますので、これらを参考にすることができます。

（1）紛失、盗難

例えば、パソコンや USB メモリの入ったカバンを電車内に置き忘れていたり、外部で仕事をしていて席を外した隙に盗まれたりするケースがあります。また、事務所や自宅に保管していた文書やパソコンが盗難被害に遭って、情報の紛失や漏洩につながるケースもあります。

44　独立行政法人情報処理推進機構セキュリティセンター「情報セキュリティ 10 大脅威 2024」を参考に記述

（2）メールの誤送信、Web での誤公開

誤操作や誤送信、設定ミスなどによって、情報漏洩が起こるケースです。例えば、相手先のメールアドレスを誤って入力し、無関係の人間に誤送信したり、公開してはいけない自社の情報を Web サイト上で公開したりするケースなどがあります。

（3）内部不正

従業員や元従業員等の組織関係者が不正に情報を持ち出し、外部の第三者に売却する内部犯行や内部不正によって、情報漏洩が起こるケースがあります。近年内部不正による情報漏洩が多発しています。

組織関係者による不正行為は、組織の社会的信用の失墜や、損害賠償や業務停滞等による経済的損失を招きます。また、不正に取得された情報を使用した組織や個人も責任を問われる場合があります。

（4）不正プログラムによる情報漏洩

ウイルスやスパイウェアなどの不正プログラムによる情報漏洩が増加しています。ウイルスに感染してしまい、パソコンを第三者に不正に操作されてパソコン内部のデータをばらまかれるケースなどです。

なお、近年多発しているのはランサムウェアによる攻撃です。ランサムウェアとは、Ransom と Software を組み合わせた造語であり、ウイルスの一種です。攻撃者は PC やサーバーをランサムウェアに感染させ、様々な脅迫により金銭を要求します。さらに、攻撃者は複数の脅迫を組み合わせることで、攻撃を受けた組織が、システムを復旧するために金銭を支払うことを検討せざるを得ない状況を作り出そうとします。

（5）不正アクセス

社内のサーバーやパソコンに不正にアクセスして社内の機密情報や個人情報を盗んだり、社員の ID やパスワードを盗んで不正に利用したりするなど、様々な方法で悪用されてしまうケースです。

（6）風評、ブログ掲載などによる情報漏洩

内部の社員が、自身のブログやSNSなどで、企業の機密情報などを掲載してしまうケースです。ほとんどの場合は、社員が悪意を持たずに書き込んでいるため、本人に対して注意喚起を行い、書き込んだ文章を削除させます。また、掲示板に書き込んでしまった場合は、掲示板の管理者に削除依頼をする必要があります。

なお、IPAが発表している「情報セキュリティ10大脅威2024」では、次のような脅威を公表しています。

［図表9-1］ 組織における情報セキュリティ10大脅威2024

順　位	「組織」向け脅威
1	ランサムウェアによる被害
2	サプライチェーンの弱点を悪用した攻撃
3	内部不正による情報漏えい等の被害
4	標的型攻撃による機密情報の窃取
5	修正プログラムの公開前を狙う攻撃（ゼロデイ攻撃）
6	不注意による情報漏えい等の被害
7	脆弱性対策情報の公開に伴う悪用増加
8	ビジネスメール詐欺による金銭被害
9	テレワーク等のニューノーマルな働き方を狙った攻撃
10	犯罪のビジネス化（アンダーグラウンドサービス）

出所：独立行政法人情報処理推進機構セキュリティセンター「情報セキュリティ10大脅威2024」P.7。
（https://www.ipa.go.jp/security/10threats/nq6ept000000g22h-att/kaisetsu_2024.pdf）

4. 情報漏洩に伴うリスク

情報漏洩に伴うリスクとしては、以下のようなものが挙げられます。

（1）社会的信用の低下

情報漏洩を起こすと、セキュリティ体制に問題のある企業とされ、社会的な信用を失墜することになります。いわゆる風評リスクによる企業イメージの低

下により、顧客離れや取引停止などに発展するリスクも高まります。

情報漏洩が何らかの形で発覚すると、記者会見を行うなど速やかに公表し、企業全体で即座に適切な対処を行う必要があります。通常業務よりも情報漏洩への対処が優先されるため、日常業務の停滞や対応にかかる費用の発生など、企業経営に大きな打撃を与えることになります。

（2）法定刑と損害賠償

例えば、個人情報漏洩が発覚した場合、個人情報保護法に基づいて、国からの改善命令が出されます。特に法人に対しては、情報漏洩を報告する際に虚偽の報告などを行った場合は50万円以下の罰金、個人情報データベース等の不正提供等や個人情報保護委員会からの命令への違反については1億円以下の罰金が科せられます。

また、罰金だけでなく、損害賠償責任を負う可能性もあります。

5. 情報漏洩対策

情報漏洩対策には、情報セキュリティを確保することが重要となりますが、情報セキュリティが確保されている状態とは、三つの主要な特性である、「機密性（Confidentiality）」、「完全性（Integrity）」、「可用性（Availability）」が維持できている状態のことをいいます。

ここで、「機密性」とは、情報資産へのアクセスを許可された者（権限者）のみが許可された範囲で使用できるようになっていること、「完全性」とは、情報資産が改ざん等をされることなく正確な状態を保てること、「可用性」とは、情報資産の利用（ファイルへのアクセスやサービスの利用等）に対し、許可された時間内にいつでも使用できること、をいいます。これら3特性の頭文字を取って、CIAと呼ばれることがあります。

さらに、情報セキュリティが確保されている状態として、これら3特性に加え、「真正性（Authenticity）」、「責任追跡性（Accountability）」、「否認防止性（Non-repudiation）」、「信頼性（Reliability）」を維持することを含めることもあります。

ここで、「真正性」とは、利用者や情報が、なりすましや改ざん等が行われていない本物であると証明できること、「責任追跡性」とは、行われた動作について、誰が行ったかを、明確な証拠（ログ等）によって追跡できること、「否認防止性」とは、発生した事象について、その事象が後になって否認されないように、発生したことを証明できること、「信頼性」とは、ある動作によって発生する結果が、その動作から矛盾なく想定され、整合が取れたものになること、をいいます。

[図表 9-2]　情報処理セキュリティの３要素（CIA）

機密性（Confidentiality）	情報資産へのアクセスを許可された者（権限者）のみが許可された範囲で使用できるようになっていること。
完全性（Integrity）	情報資産が改ざん等をされることなく正確な状態を保てること。
可用性（Availability）	情報資産の利用（ファイルへのアクセスやサービスの利用等）に対し、許可された時間内にいつでも使用できること。

なお、IPA「情報セキュリティ 10 大脅威 2024」では、具体的な情報漏洩対策として、①パスワードを適切に運用する、②情報リテラシー、モラルを向上させる、③メールの添付ファイル開封や、メールや SMS のリンク、URL のクリックを安易にしない、④適切な報告／連絡／相談を行う、⑤インシデント対応体制を整備し対応する、⑥サーバーやクライアント、ネットワークに適切なセキュリティ対策を行う、⑦適切なバックアップ運用を行う、の７項目を挙げています。

適切なルール作成と、その運用管理を厳格に行う管理体制を構築することが重要です。

第10章 個人情報漏洩リスク

第9章では、漏洩すると犯罪に利用されやすい「機密情報」、「個人情報」、「顧客情報」の三つについて説明しました。この中で、個人情報については個人情報を取り扱う事業者に対して、その取扱い方法が個人情報保護法で定められています。ここでは、法の内容を中心に個人情報漏洩リスクについて説明を加えておきます。

1. 個人情報保護法とは

個人情報保護法（正式名称：個人情報の保護に関する法律）は、個人情報を取り扱う事業者に対して、個人情報の有用性に配慮しながら、個人の権利や利益を守ることを目的として、個人情報の取扱いを定めた法律です。平成15（2003）年5月に制定され、平成17（2005）年4月に全面施行されました。

デジタル技術の進展やグローバル化などの経済・社会情勢の変化や、世の中の個人情報に対する意識の高まりなどに対応するため、同法は3年ごとの見直しを行うことになっており、これまでにも何度か改正が行われています。

同法において、個人情報取扱事業者には、利用目的の特定、利用目的による制限、不適正な利用の禁止、適正な取得、取得に際しての利用目的の通知・公表・明示、安全管理措置、従業者・委託先の監督、漏洩等の報告、第三者提供の制限、開示・訂正・利用停止請求への対応等の義務が課せられています（本章末の《関係法令（抜粋）》参照）。

2. 個人情報保護委員会

個人情報保護委員会は、個人情報保護法を所管する行政機関で内閣府の外局です。個人情報保護法に基づき、平成28（2016）年1月に設置され、各事業者における個人情報保護法の遵守状況の監督などを行っています。

個人情報保護法への違反が疑われる事業者に対して、個人情報保護委員会は報告要求・立入検査、指導・助言、勧告・命令などを行うことができます。

前身は、「行政手続における特定の個人を識別するための番号の利用等に関する法律」（通称：マイナンバー法）に基づき、平成26（2014）年１月１日に内閣府の外局として設置された特定個人情報保護委員会です。

3. 令和２年の改正[45]

令和２（2020）年「改正個人情報保護法」（令和４（2022）年４月１日施行）では、自身の個人情報に対する意識の高まり、技術革新を踏まえた保護と利活用のバランス、越境データの流通増大に伴う新たなリスクへの対応等の観点から、「個人の権利利益の保護」、「事業者の守るべき責務の在り方」、「事業者による自主的な取組を促す仕組みの在り方」、「データ利活用に関する施策の在り方」、「ペナルティの在り方」、「法の域外適用・越境移転の在り方」について改正が行われました。

具体的には、「漏えい等が発生した場合の個人情報保護委員会への報告と、本人への通知の義務化」、「外国にある第三者への情報提供時に、本人に対し移転先事業者における個人情報の取り扱いに関する情報提供の充実等を求めること」、「保有個人データの開示方法は電磁的記録の提供を含め本人が指示できること」、「個人データの利用の停止・消去等の請求権については、個人の権利又は正当な利益が害される恐れがある場合にも拡充」、「『仮名加工情報』を創設し、内部分析等を条件に、利用目的の変更の制限等を緩和すること」などです。

また、委員会の命令違反などに係るペナルティについては、法人の罰金の最高額が50万円から１億円に引き上げられました。

45 個人情報保護委員会「令和２年改正個人情報保護法 政令・規則の概要」より。
（https://www.ppc.go.jp/files/pdf/210324_seirei_kisoku_gaiyou.pdf）

4. 令和３年の改正[46]

令和３（2021）年５月19日に公布されたデジタル社会形成整備法（令和３年改正法）による個人情報保護法の改正により、従来、国の行政機関、独立行政法人等、地方公共団体、地方独立行政法人についてそれぞれ分かれていた規律を、個人情報保護法に一覧的に規定し、かつ、個人情報保護委員会が一元的に当該規律を解釈運用することとなりました。

この改正により、地方自治体ごとに異なっていた個人情報保護制度が一元化されました。

Column

個人情報、個人データ、保有個人データの定義

① 個人情報

「個人情報」とは、生存する「個人に関する情報」であって、当該情報に含まれる氏名、生年月日、その他の記述等により特定の個人を識別することができるもの（他の情報と容易に照合することができ、それにより特定の個人を識別することができることとなるものを含む）、又は個人識別符号が含まれるものをいいます。

この「個人に関する情報」とは、氏名、性別、生年月日、顔画像等個人を識別する情報に限られず、個人の身体、財産、職種、肩書き等の属性に関して、事実、判断、評価を表す全ての情報であり、評価情報、公刊物等によって公にされている情報や、映像、音声による情報も含まれ、暗号化等によって秘匿化されているか否かを問いません。

また、個人情報保護法では、死者に関する情報は対象ではありませんが、死者に関する情報が同時に遺族等の生存する個人に関する情報でもある場合には、当該生存する個人に関する情報となり法律の対象となります。

46　個人情報保護委員会「公的部門（国の行政機関等・地方公共団体等）における個人情報保護の規律の考え方」令和３年６月より。
（https://www.ppc.go.jp/files/pdf/210623_kouteki_kiritsunokangaekata.pdf）

② 個人データ

「個人データ」とは、「個人情報データベース等」を構成する個人情報をいいます。

この「個人情報データベース等」とは、特定の個人情報をコンピュータを用いて検索することができるように体系的に構成した個人情報を含む情報の集合体、又はコンピュータを用いていない場合であっても、紙面で処理した個人情報を一定の規則（例えば、五十音順、生年月日順など）に従って整理・分類し、特定の個人情報を容易に検索することができるよう、目次、索引、符号等を付し、他人によっても容易に検索可能な状態においているものをいいます。

したがって、診療録等の診療記録や介護関係記録については、通常、媒体の如何にかかわらず、体系的に整理され、特定の個人情報を容易に検索できる状態で保有していることから、「個人データ」に該当します。

③ 保有個人データ

「保有個人データ」とは、個人データのうち、個人情報取扱事業者が、開示、内容の訂正、追加又は削除、利用の停止、消去及び第三者への提供の停止を行うことのできる権限を有するものをいいます。

したがって、委託を受けて取り扱っている個人データや、個人情報のうち体系的に整理されていないものについては、「保有個人データ」には該当しません。

（個人情報保護委員会ホームページ（https://www.ppc.go.jp/all_faq_index/faq3-q2-1/）より）

5. 個人情報保護法上の行政処分リスク

個人情報保護委員会は、個人情報取扱事業者に対し、個人情報取扱事業者等の監督として、次のような措置を行います。

① 報告及び立入検査（法146条1項）

「個人情報等」の取扱いに関し、必要な報告や資料の提出を求めること、事務所その他必要な場所に立入検査を行うことができる。

② 指導及び助言（法147条）

個人情報取扱事業者等に対し、個人情報等の取扱いに関し必要な指導及び助言をすることができる。

③　勧告（法148条1項）及び命令（法148条2項、3項）

個人情報取扱事業者の違反行為の中止その他違反を是正するために必要な措置をとるべき旨を勧告することができる。

勧告を受けた個人情報取扱事業者等が、正当な理由がなくてその勧告に係る措置をとらなかった場合において個人の重大な権利利益の侵害が切迫していると認めるときは、当該個人情報取扱事業者等に対し、その勧告に係る措置をとるべきことを命ずることができる。

そして、命令に違反した場合には、1年以下の懲役又は100万円以下の罰金が科されます（法178条）。

6. 民事上の責任追及リスク

刑事罰だけでなく、民事でも責任を問われるリスクがあります。例えば、個人情報が漏洩して不正利用されるなどの二次被害が発生した場合に、損害賠償を請求される可能性があります。

個人情報漏洩者（従業員）に故意・過失がある場合、漏洩者は、本人に対してプライバシー権[47]侵害に基づく不法行為責任を負い、漏洩者の雇用者は使用者責任に基づく損害賠償請求を受けることになります。

また、漏洩が事件化し、会社に損失が発生した場合には、取締役や監査役は、株主代表訴訟（会社法847条）により、会社に対する損害賠償責任や本人（第3者）に対する損害賠償責任を追及されることもあり得ます。

7. 個人情報漏洩への対応策

個人情報漏洩の原因は、紛失、盗難、不正アクセスによる情報の抜き出し、

47　プライバシー権とは、個人の姿や情報など、私事をみだりに公開されない権利として考えることができる。明文化された権利ではない。

コンピュータウイルス感染、社外への情報の持ち出し、誤操作・誤送信、内部不正などで、一般の情報漏洩と同じです。対策も同様ですが、個人情報漏洩は社内の個人情報取り扱いルールが曖昧な場合に起こることが多いと考えられることから、適切なルール作成と、その運用管理を厳格に行う管理体制を構築することが重要です。特に、個人情報を収集するときのルールを明確にすることや取り扱う業務ごとのルールを明確にすることが重要です。

《関係法令（抜粋）》

◉個人情報保護法（個人情報の保護に関する法律）

第１章　総則

（目的）

第１条　この法律は、デジタル社会の進展に伴い個人情報の利用が著しく拡大していることに鑑み、個人情報の適正な取扱いに関し、基本理念及び政府による基本方針の作成その他の個人情報の保護に関する施策の基本となる事項を定め、国及び地方公共団体の責務等を明らかにし、個人情報を取り扱う事業者及び行政機関等についてこれらの特性に応じて遵守すべき義務等を定めるとともに、個人情報保護委員会を設置することにより、行政機関等の事務及び事業の適正かつ円滑な運営を図り、並びに個人情報の適正かつ効果的な活用が新たな産業の創出並びに活力ある経済社会及び豊かな国民生活の実現に資するものであることその他の個人情報の有用性に配慮しつつ、個人の権利利益を保護することを目的とする。

（定義）

第２条　この法律において「個人情報」とは、生存する個人に関する情報であって、次の各号のいずれかに該当するものをいう。

一　当該情報に含まれる氏名、生年月日その他の記述等（文書、図画若しくは電磁的記録（電磁的方式（電子的方式、磁気的方式その他人の知覚によっては認識することができない方式をいう。次項第２号において同じ。）で作られる記録をいう。以下同じ。）に記載され、若しくは記録され、又は音声、動作その他の方法を用いて表された一切の事項（個人識別符号を除く。）をいう。以下同じ。）により特定の個人を識別することができるもの（他の情報と容易に照合することができ、それにより特定の個人を識別することができることとなるものを含む。）

二　個人識別符号が含まれるもの

２　この法律において「個人識別符号」とは、次の各号のいずれかに該当する文字、番号、記号その他の符号のうち、政令で定めるものをいう。

一　特定の個人の身体の一部の特徴を電子計算機の用に供するために変換した文字、番号、記号その他の符号であって、当該特定の個人を識別することができるもの

二　個人に提供される役務の利用若しくは個人に販売される商品の購入に関し割り当てられ、又は個人に発行されるカードその他の書類に記載され、若しくは電磁的方式により記録された文字、番号、記号その他の符号であって、その利用者若しくは購入者又は発行を受ける者ごとに異なるものとなるように割り当てられ、又は記載され、若しくは記録されることにより、特定の利用者若しくは購入者又は発行を受ける者を識別することができるもの

3　この法律において「要配慮個人情報」とは、本人の人種、信条、社会的身分、病歴、犯罪の経歴、犯罪により害を被った事実その他本人に対する不当な差別、偏見その他の不利益が生じないようにその取扱いに特に配慮を要するものとして政令で定める記述等が含まれる個人情報をいう。

4　この法律において個人情報について「本人」とは、個人情報によって識別される特定の個人をいう。

5　この法律において「仮名加工情報」とは、次の各号に掲げる個人情報の区分に応じて当該各号に定める措置を講じて他の情報と照合しない限り特定の個人を識別することができないように個人情報を加工して得られる個人に関する情報をいう。

一　第1項第1号に該当する個人情報当該個人情報に含まれる記述等の一部を削除すること（当該一部の記述等を復元することのできる規則性を有しない方法により他の記述等に置き換えることを含む。）。

二　第1項第2号に該当する個人情報当該個人情報に含まれる個人識別符号の全部を削除すること（当該個人識別符号を復元することのできる規則性を有しない方法により他の記述等に置き換えることを含む。）。

6　この法律において「匿名加工情報」とは、次の各号に掲げる個人情報の区分に応じて当該各号に定める措置を講じて特定の個人を識別することができないように個人情報を加工して得られる個人に関する情報であって、当該個人情報を復元することができないようにしたものをいう。

一　第1項第1号に該当する個人情報当該個人情報に含まれる記述等の一部を削除すること（当該一部の記述等を復元することのできる規則性を有しない方法により他の記述等に置き換えることを含む。）。

二　第1項第2号に該当する個人情報当該個人情報に含まれる個人識別符号の全部を削除すること（当該個人識別符号を復元することのできる規則性を有しない方法により他の記述等に置き換えることを含む。）。

７　この法律において「個人関連情報」とは、生存する個人に関する情報であって、個人情報、仮名加工情報及び匿名加工情報のいずれにも該当しないものをいう。

（基本理念）

第３条　個人情報は、個人の人格尊重の理念の下に慎重に取り扱われるべきものであることに鑑み、その適正な取扱いが図られなければならない。

第４章　個人情報取扱事業者等の義務等

第１節　総則

（定義）

第16条　この章及び第８章において「個人情報データベース等」とは、個人情報を含む情報の集合物であって、次に掲げるもの（利用方法からみて個人の権利利益を害するおそれが少ないものとして政令で定めるものを除く。）をいう。

一　特定の個人情報を電子計算機を用いて検索することができるように体系的に構成したもの

二　前号に掲げるもののほか、特定の個人情報を容易に検索することができるように体系的に構成したものとして政令で定めるもの

２　この章及び第６章から第８章までにおいて「個人情報取扱事業者」とは、個人情報データベース等を事業の用に供している者をいう。ただし、次に掲げる者を除く。

一　国の機関

二　地方公共団体

三　独立行政法人等

四　地方独立行政法人

３　この章において「個人データ」とは、個人情報データベース等を構成する個人情報をいう。

４　この章において「保有個人データ」とは、個人情報取扱事業者が、開示、内容の訂正、追加又は削除、利用の停止、消去及び第三者への提供の停止を行うことのできる権限を有する個人データであって、その存否が明らかになることにより公益その他の利益が害されるものとして政令で定めるもの以外のものをいう。

５　この章、第６章及び第７章において「仮名加工情報取扱事業者」とは、仮名加工情報を含む情報の集合物であって、特定の仮名加工情報を電子計算機を用いて検索することができるように体系的に構成したものその他特定の仮名加工情報を容易に検索することができるように体系的に構成したものとして政令で定めるもの（第41条第一項において「仮名加工情報データベース等」という。）を事業の用に供している者をいう。ただし、第２項各号に掲げる者を除く。

６　この章、第６章及び第７章において「匿名加工情報取扱事業者」とは、匿名加

工情報を含む情報の集合物であって、特定の匿名加工情報を電子計算機を用いて検索することができるように体系的に構成したものその他特定の匿名加工情報を容易に検索することができるように体系的に構成したものとして政令で定めるもの（第43条第1項において「匿名加工情報データベース等」という。）を事業の用に供している者をいう。ただし、第2項各号に掲げる者を除く。

7　この章、第6章及び第7章において「個人関連情報取扱事業者」とは、個人関連情報を含む情報の集合物であって、特定の個人関連情報を電子計算機を用いて検索することができるように体系的に構成したものその他特定の個人関連情報を容易に検索することができるように体系的に構成したものとして政令で定めるもの（第31条第1項において「個人関連情報データベース等」という。）を事業の用に供している者をいう。ただし、第2項各号に掲げる者を除く。

第2節　個人情報取扱事業者及び個人関連情報取扱事業者の義務

（利用目的の特定）

第17条　個人情報取扱事業者は、個人情報を取り扱うに当たっては、その利用の目的（以下「利用目的」という。）をできる限り特定しなければならない。

2　個人情報取扱事業者は、利用目的を変更する場合には、変更前の利用目的と関連性を有すると合理的に認められる範囲を超えて行ってはならない。

（利用目的による制限）

第18条　個人情報取扱事業者は、あらかじめ本人の同意を得ないで、前条の規定により特定された利用目的の達成に必要な範囲を超えて、個人情報を取り扱ってはならない。

2　個人情報取扱事業者は、合併その他の事由により他の個人情報取扱事業者から事業を承継することに伴って個人情報を取得した場合は、あらかじめ本人の同意を得ないで、承継前における当該個人情報の利用目的の達成に必要な範囲を超えて、当該個人情報を取り扱ってはならない。

3　前二項の規定は、次に掲げる場合については、適用しない。

一　法令（条例を含む。以下この章において同じ。）に基づく場合

二　人の生命、身体又は財産の保護のために必要がある場合であって、本人の同意を得ることが困難であるとき。

三　公衆衛生の向上又は児童の健全な育成の推進のために特に必要がある場合であって、本人の同意を得ることが困難であるとき。

四　国の機関若しくは地方公共団体又はその委託を受けた者が法令の定める事務を遂行することに対して協力する必要がある場合であって、本人の同意を得ることにより当該事務の遂行に支障を及ぼすおそれがあるとき。

（適正な取得）

第20条　個人情報取扱事業者は、偽りその他不正の手段により個人情報を取得し

てはならない。

2 個人情報取扱事業者は、次に掲げる場合を除くほか、あらかじめ本人の同意を得ないで、要配慮個人情報を取得してはならない。

一 法令に基づく場合

二 人の生命、身体又は財産の保護のために必要がある場合であって、本人の同意を得ることが困難であるとき。

三 公衆衛生の向上又は児童の健全な育成の推進のために特に必要がある場合であって、本人の同意を得ることが困難であるとき。

四 国の機関若しくは地方公共団体又はその委託を受けた者が法令の定める事務を遂行することに対して協力する必要がある場合であって、本人の同意を得ることにより当該事務の遂行に支障を及ぼすおそれがあるとき。

七 当該要配慮個人情報が、本人、国の機関、地方公共団体、学術研究機関等、第57条第1項各号に掲げる者その他個人情報保護委員会規則で定める者により公開されている場合

八 その他前各号に掲げる場合に準ずるものとして政令で定める場合

（取得に際しての利用目的の通知等）

第21条 個人情報取扱事業者は、個人情報を取得した場合は、あらかじめその利用目的を公表している場合を除き、速やかに、その利用目的を、本人に通知し、又は公表しなければならない。

2 個人情報取扱事業者は、前項の規定にかかわらず、本人との間で契約を締結することに伴って契約書その他の書面（電磁的記録を含む。以下この項において同じ。）に記載された当該本人の個人情報を取得する場合その他本人から直接書面に記載された当該本人の個人情報を取得する場合は、あらかじめ、本人に対し、その利用目的を明示しなければならない。ただし、人の生命、身体又は財産の保護のために緊急に必要がある場合は、この限りでない。

3 個人情報取扱事業者は、利用目的を変更した場合は、変更された利用目的について、本人に通知し、又は公表しなければならない。

4 前三項の規定は、次に掲げる場合については、適用しない。

一 利用目的を本人に通知し、又は公表することにより本人又は第三者の生命、身体、財産その他の権利利益を害するおそれがある場合

二 利用目的を本人に通知し、又は公表することにより当該個人情報取扱事業者の権利又は正当な利益を害するおそれがある場合

三 国の機関又は地方公共団体が法令の定める事務を遂行することに対して協力する必要がある場合であって、利用目的を本人に通知し、又は公表することにより当該事務の遂行に支障を及ぼすおそれがあるとき。

四 取得の状況からみて利用目的が明らかであると認められる場合

（データ内容の正確性の確保等）
第22条　個人情報取扱事業者は、利用目的の達成に必要な範囲内において、個人データを正確かつ最新の内容に保つとともに、利用する必要がなくなったときは、当該個人データを遅滞なく消去するよう努めなければならない。
（安全管理措置）
第23条　個人情報取扱事業者は、その取り扱う個人データの漏えい、滅失又は毀損の防止その他の個人データの安全管理のために必要かつ適切な措置を講じなければならない。
（従業者の監督）
第24条　個人情報取扱事業者は、その従業者に個人データを取り扱わせるに当たっては、当該個人データの安全管理が図られるよう、当該従業者に対する必要かつ適切な監督を行わなければならない。
（委託先の監督）
第25条　個人情報取扱事業者は、個人データの取扱いの全部又は一部を委託する場合は、その取扱いを委託された個人データの安全管理が図られるよう、委託を受けた者に対する必要かつ適切な監督を行わなければならない。
（漏えい等の報告等）
第26条　個人情報取扱事業者は、その取り扱う個人データの漏えい、滅失、毀損その他の個人データの安全の確保に係る事態であって個人の権利利益を害するおそれが大きいものとして個人情報保護委員会規則で定めるものが生じたときは、個人情報保護委員会規則で定めるところにより、当該事態が生じた旨を個人情報保護委員会に報告しなければならない。ただし、当該個人情報取扱事業者が、他の個人情報取扱事業者又は行政機関等から当該個人データの取扱いの全部又は一部の委託を受けた場合であって、個人情報保護委員会規則で定めるところにより、当該事態が生じた旨を当該他の個人情報取扱事業者又は行政機関等に通知したときは、この限りでない。
2　前項に規定する場合には、個人情報取扱事業者（同項ただし書の規定による通知をした者を除く。）は、本人に対し、個人情報保護委員会規則で定めるところにより、当該事態が生じた旨を通知しなければならない。ただし、本人への通知が困難な場合であって、本人の権利利益を保護するため必要なこれに代わるべき措置をとるときは、この限りでない。
（第三者提供の制限）
第27条　個人情報取扱事業者は、次に掲げる場合を除くほか、あらかじめ本人の同意を得ないで、個人データを第三者に提供してはならない。
一　法令に基づく場合
二　人の生命、身体又は財産の保護のために必要がある場合であって、本人の同意を得ることが困難であるとき。

三　公衆衛生の向上又は児童の健全な育成の推進のために特に必要がある場合であって、本人の同意を得ることが困難であるとき。

四　国の機関若しくは地方公共団体又はその委託を受けた者が法令の定める事務を遂行することに対して協力する必要がある場合であって、本人の同意を得ることにより当該事務の遂行に支障を及ぼすおそれがあるとき。

2　個人情報取扱事業者は、第三者に提供される個人データについて、本人の求めに応じて当該本人が識別される個人データの第三者への提供を停止することとしている場合であって、次に掲げる事項について、個人情報保護委員会規則で定めるところにより、あらかじめ、本人に通知し、又は本人が容易に知り得る状態に置くとともに、個人情報保護委員会に届け出たときは、前項の規定にかかわらず、当該個人データを第三者に提供することができる。ただし、第三者に提供される個人データが要配慮個人情報又は第20条第１項の規定に違反して取得されたもの若しくは他の個人情報取扱事業者からこの項本文の規定により提供されたもの（その全部又は一部を複製し、又は加工したものを含む。）である場合は、この限りでない。

一　第三者への提供を行う個人情報取扱事業者の氏名又は名称及び住所並びに法人にあっては、その代表者（法人でない団体で代表者又は管理人の定めのあるものにあっては、その代表者又は管理人。以下この条、第30条第１項第１号及び第32条第１項第１号において同じ。）の氏名

二　第三者への提供を利用目的とすること。

三　第三者に提供される個人データの項目

四　第三者に提供される個人データの取得の方法

五　第三者への提供の方法

六　本人の求めに応じて当該本人が識別される個人データの第三者への提供を停止すること。

七　本人の求めを受け付ける方法

八　その他個人の権利利益を保護するために必要なものとして個人情報保護委員会規則で定める事項

3　個人情報取扱事業者は、前項第１号に掲げる事項に変更があったとき又は同項の規定による個人データの提供をやめたときは遅滞なく、同項第３号から第５号まで、第７号又は第８号に掲げる事項を変更しようとするときはあらかじめ、その旨について、個人情報保護委員会規則で定めるところにより、本人に通知し、又は本人が容易に知り得る状態に置くとともに、個人情報保護委員会に届け出なければならない。

4　個人情報保護委員会は、第２項の規定による届出があったときは、個人情報保

護委員会規則で定めるところにより、当該届出に係る事項を公表しなければならない。前項の規定による届出があったときも、同様とする。

5　次に掲げる場合において、当該個人データの提供を受ける者は、前各項の規定の適用については、第三者に該当しないものとする。

一　個人情報取扱事業者が利用目的の達成に必要な範囲内において個人データの取扱いの全部又は一部を委託することに伴って当該個人データが提供される場合

二　合併その他の事由による事業の承継に伴って個人データが提供される場合

三　特定の者との間で共同して利用される個人データが当該特定の者に提供される場合であって、その旨並びに共同して利用される個人データの項目、共同して利用する者の範囲、利用する者の利用目的並びに当該個人データの管理について責任を有する者の氏名又は名称及び住所並びに法人にあっては、その代表者の氏名について、あらかじめ、本人に通知し、又は本人が容易に知り得る状態に置いているとき。

6　個人情報取扱事業者は、前項第3号に規定する個人データの管理について責任を有する者の氏名、名称若しくは住所又は法人にあっては、その代表者の氏名に変更があったときは遅滞なく、同号に規定する利用する者の利用目的又は当該責任を有する者を変更しようとするときはあらかじめ、その旨について、本人に通知し、又は本人が容易に知り得る状態に置かなければならない。

（外国にある第三者への提供の制限）

第28条　個人情報取扱事業者は、外国（本邦の域外にある国又は地域をいう。以下この条及び第31条第1項第2号において同じ。）（個人の権利利益を保護する上で我が国と同等の水準にあると認められる個人情報の保護に関する制度を有している外国として個人情報保護委員会規則で定めるものを除く。以下この条及び同号において同じ。）にある第三者（個人データの取扱いについてこの節の規定により個人情報取扱事業者が講ずべきこととされている措置に相当する措置（第3項において「相当措置」という。）を継続的に講ずるために必要なものとして個人情報保護委員会規則で定める基準に適合する体制を整備している者を除く。以下この項及び次項並びに同号において同じ。）に個人データを提供する場合には、前条第1項各号に掲げる場合を除くほか、あらかじめ外国にある第三者への提供を認める旨の本人の同意を得なければならない。この場合においては、同条の規定は、適用しない。

（第三者提供に係る記録の作成等）

第29条　個人情報取扱事業者は、個人データを第三者（第16条第2項各号に掲げる者を除く。以下この条及び次条（第31条第3項において読み替えて準用する場合を含む。）において同じ。）に提供したときは、個人情報保護委員会規則で定めるところにより、当該個人データを提供した年月日、当該第三者の氏名又は名称その他の個人情報保護委員会規則で定める事項に関する記録を作成しなければならない。ただし、当該個人データの提供が第27条第1項各号又は第5項各号のいずれか（前条第1項の規定による個人データの提供にあっては、第27条第1項各号のいずれか）に該当する場合は、この限りでない。

2　個人情報取扱事業者は、前項の記録を、当該記録を作成した日から個人情報保護委員会規則で定める期間保存しなければならない。

（第三者提供を受ける際の確認等）

第30条　個人情報取扱事業者は、第三者から個人データの提供を受けるに際しては、個人情報保護委員会規則で定めるところにより、次に掲げる事項の確認を行わなければならない。ただし、当該個人データの提供が第27条第1項各号又は第5項各号のいずれかに該当する場合は、この限りでない。

一　当該第三者の氏名又は名称及び住所並びに法人にあっては、その代表者の氏名

二　当該第三者による当該個人データの取得の経緯

2　前項の第三者は、個人情報取扱事業者が同項の規定による確認を行う場合において、当該個人情報取扱事業者に対して、当該確認に係る事項を偽ってはならない。

3　個人情報取扱事業者は、第1項の規定による確認を行ったときは、個人情報保護委員会規則で定めるところにより、当該個人データの提供を受けた年月日、当該確認に係る事項その他の個人情報保護委員会規則で定める事項に関する記録を作成しなければならない。

4　個人情報取扱事業者は、前項の記録を、当該記録を作成した日から個人情報保護委員会規則で定める期間保存しなければならない。

（訂正等）

第34条　本人は、個人情報取扱事業者に対し、当該本人が識別される保有個人データの内容が事実でないときは、当該保有個人データの内容の訂正、追加又は削除（以下この条において「訂正等」という。）を請求することができる。

2　個人情報取扱事業者は、前項の規定による請求を受けた場合には、その内容の訂正等に関して他の法令の規定により特別の手続が定められている場合を除き、利用目的の達成に必要な範囲内において、遅滞なく必要な調査を行い、その結果に基づき、当該保有個人データの内容の訂正等を行わなければならない。

3　個人情報取扱事業者は、第1項の規定による請求に係る保有個人データの内容の全部若しくは一部について訂正等を行ったとき、又は訂正等を行わない旨の決定をしたときは、本人に対し、遅滞なく、その旨（訂正等を行ったときは、その内容を含む。）を通知しなければならない。

（利用停止等）

第35条　本人は、個人情報取扱事業者に対し、当該本人が識別される保有個人データが第18条若しくは第19条の規定に違反して取り扱われているとき、又は第20条の規定に違反して取得されたものであるときは、当該保有個人データの利用の停止又は消去（以下この条において「利用停止等」という。）を請求することができる。

2　個人情報取扱事業者は、前項の規定による請求を受けた場合であって、その請求に理由があることが判明したときは、違反を是正するために必要な限度で、遅滞なく、当該保有個人データの利用停止等を行わなければならない。ただし、当該保有個人データの利用停止等に多額の費用を要する場合その他の利用停止等を行うことが困難な場合であって、本人の権利利益を保護するため必要なこれに代わるべき措置をとるときは、この限りでない。

3　本人は、個人情報取扱事業者に対し、当該本人が識別される保有個人データが第27条第1項又は第28条の規定に違反して第三者に提供されているときは、当該保有個人データの第三者への提供の停止を請求することができる。

4　個人情報取扱事業者は、前項の規定による請求を受けた場合であって、その請求に理由があることが判明したときは、遅滞なく、当該保有個人データの第三者への提供を停止しなければならない。ただし、当該保有個人データの第三者への提供の停止に多額の費用を要する場合その他の第三者への提供を停止することが困難な場合であって、本人の権利利益を保護するため必要なこれに代わるべき措置をとるときは、この限りでない。

5　本人は、個人情報取扱事業者に対し、当該本人が識別される保有個人データを当該個人情報取扱事業者が利用する必要がなくなった場合、当該本人が識別される保有個人データに係る第26条第1項本文に規定する事態が生じた場合その他当該本人が識別される保有個人データの取扱いにより当該本人の権利又は正当な利益が害されるおそれがある場合には、当該保有個人データの利用停止等又は第三者への提供の停止を請求することができる。

6　個人情報取扱事業者は、前項の規定による請求を受けた場合であって、その請求に理由があることが判明したときは、本人の権利利益の侵害を防止するために必要な限度で、遅滞なく、当該保有個人データの利用停止等又は第三者への提供の停止を行わなければならない。ただし、当該保有個人データの利用停止等又は第三者への提供の停止に多額の費用を要する場合その他の利用停止等又は第三者への提供の停止を行うことが困難な場合であって、本人の権利利益を保護するため必要なこれに代わるべき措置をとるときは、この限りでない。

7　個人情報取扱事業者は、第1項若しくは第5項の規定による請求に係る保有個人データの全部若しくは一部について利用停止等を行ったとき若しくは利用停止等を行わない旨の決定をしたとき、又は第３項若しくは第５項の規定による請求に係る保有個人データの全部若しくは一部について第三者への提供を停止したとき若しくは第三者への提供を停止しない旨の決定をしたときは、本人に対し、遅滞なく、その旨を通知しなければならない。

（理由の説明）

第36条 個人情報取扱事業者は、第32条第３項、第33条第３項（同条第５項において準用する場合を含む。）、第34条第３項又は前条第７項の規定により、本人から求められ、又は請求された措置の全部又は一部について、その措置をとらない旨を通知する場合又はその措置と異なる措置をとる旨を通知する場合には、本人に対し、その理由を説明するよう努めなければならない。

（開示等の請求等に応じる手続）

第37条 個人情報取扱事業者は、第32条第２項の規定による求め又は第33条第１項（同条第５項において準用する場合を含む。次条第１項及び第39条において同じ。）、第34条第１項若しくは第35条第１項、第３項若しくは第５項の規定による請求（以下この条及び第54条第１項において「開示等の請求等」という。）に関し、政令で定めるところにより、その求め又は請求を受け付ける方法を定めることができる。この場合において、本人は、当該方法に従って、開示等の請求等を行わなければならない。

２ 個人情報取扱事業者は、本人に対し、開示等の請求等に関し、その対象となる保有個人データ又は第三者提供記録を特定するに足りる事項の提示を求めることができる。この場合において、個人情報取扱事業者は、本人が容易かつ的確に開示等の請求等をすることができるよう、当該保有個人データ又は当該第三者提供記録の特定に資する情報の提供その他本人の利便を考慮した適切な措置をとらなければならない。

３ 開示等の請求等は、政令で定めるところにより、代理人によってすることができる。

４ 個人情報取扱事業者は、前３項の規定に基づき開示等の請求等に応じる手続を定めるに当たっては、本人に過重な負担を課するものとならないよう配慮しなければならない。

（手数料）

第38条 個人情報取扱事業者は、第３２条第２項の規定による利用目的の通知を求められたとき又は第33条第１項の規定による開示の請求を受けたときは、当該措置の実施に関し、手数料を徴収することができる。

２ 個人情報取扱事業者は、前項の規定により手数料を徴収する場合は、実費を勘案して合理的であると認められる範囲内において、その手数料の額を定めなければならない。

（事前の請求）

第39条　本人は、第33条第1項、第35条第1項又は第35条第1項、第3項若しくは第5項の規定による請求に係る訴えを提起しようとするときは、その訴えの被告となるべき者に対し、あらかじめ、当該請求を行い、かつ、その到達した日から二週間を経過した後でなければ、その訴えを提起することができない。ただし、当該訴えの被告となるべき者がその請求を拒んだときは、この限りでない。

2　前項の請求は、その請求が通常到達すべきであった時に、到達したものとみなす。

3　前二項の規定は、第33条第1項、第34条第1項又は第35条第1項、第3項若しくは第5項の規定による請求に係る仮処分命令の申立てについて準用する。

（個人情報取扱事業者による苦情の処理）

第40条　個人情報取扱事業者は、個人情報の取扱いに関する苦情の適切かつ迅速な処理に努めなければならない。

2　個人情報取扱事業者は、前項の目的を達成するために必要な体制の整備に努めなければならない。

第3節　仮名加工情報取扱事業者等の義務

（仮名加工情報の作成等）

第41条　個人情報取扱事業者は、仮名加工情報（仮名加工情報データベース等を構成するものに限る。以下この章及び第6章において同じ。）を作成するときは、他の情報と照合しない限り特定の個人を識別することができないようにするために必要なものとして個人情報保護委員会規則で定める基準に従い、個人情報を加工しなければならない。

2　個人情報取扱事業者は、仮名加工情報を作成したとき、又は仮名加工情報及び当該仮名加工情報に係る削除情報等（仮名加工情報の作成に用いられた個人情報から削除された記述等及び個人識別符号並びに前項の規定により行われた加工の方法に関する情報をいう。以下この条及び次条第3項において読み替えて準用する第7項において同じ。）を取得したときは、削除情報等の漏えいを防止するために必要なものとして個人情報保護委員会規則で定める基準に従い、削除情報等の安全管理のための措置を講じなければならない。

3　仮名加工情報取扱事業者（個人情報取扱事業者である者に限る。以下この条において同じ。）は、第18条の規定にかかわらず、法令に基づく場合を除くほか、第17条第1項の規定により特定された利用目的の達成に必要な範囲を超えて、仮名加工情報（個人情報であるものに限る。以下この条において同じ。）を取り扱ってはならない。

4　仮名加工情報についての第21条の規定の適用については、同条第1項及び第3項中「、本人に通知し、又は公表し」とあるのは「公表し」と、同条第4項第

1号から第3号までの規定中「本人に通知し、又は公表する」とあるのは「公表する」とする。

5　仮名加工情報取扱事業者は、仮名加工情報である個人データ及び削除情報等を利用する必要がなくなったときは、当該個人データ及び削除情報等を遅滞なく消去するよう努めなければならない。この場合においては、第28条の規定は、適用しない。

6　仮名加工情報取扱事業者は、第27条第1項及び第2項並びに第28条第1項の規定にかかわらず、法令に基づく場合を除くほか、仮名加工情報である個人データを第三者に提供してはならない。この場合において、第27条第5項中「前各項」とあるのは「第41条第6項」と、同項第3号中「、本人に通知し、又は本人が容易に知り得る状態に置いて」とあるのは「公表して」と、同条第6項中「、本人に通知し、又は本人が容易に知り得る状態に置かなければ」とあるのは「公表しなければ」と、第29条第1項ただし書中「第27条第1項各号又は第5項各号のいずれか（前条第1項の規定による個人データの提供にあっては、第27条第1項各号のいずれか）」とあり、及び第30条第1項ただし書中「第27条第1項各号又は第5項各号のいずれか」とあるのは「法令に基づく場合又は第27条第5項各号のいずれか」とする。

7　仮名加工情報取扱事業者は、仮名加工情報を取り扱うに当たっては、当該仮名加工情報の作成に用いられた個人情報に係る本人を識別するために、当該仮名加工情報を他の情報と照合してはならない。

8　仮名加工情報取扱事業者は、仮名加工情報を取り扱うに当たっては、電話をかけ、郵便若しくは民間事業者による信書の送達に関する法律（平成14年法律第99号）第2条第6項に規定する一般信書便事業者若しくは同条第9項に規定する特定信書便事業者による同条第2項に規定する信書便により送付し、電報を送達し、ファクシミリ装置若しくは電磁的方法（電子情報処理組織を使用する方法その他の情報通信の技術を利用する方法であって個人情報保護委員会規則で定めるものをいう。）を用いて送信し、又は住居を訪問するために、当該仮名加工情報に含まれる連絡先その他の情報を利用してはならない。

9 仮名加工情報、仮名加工情報である個人データ及び仮名加工情報である保有個人データについては、第17条第2項、第26条及び第32条から第39条までの規定は、適用しない。

（仮名加工情報の第三者提供の制限等）

第42条　仮名加工情報取扱事業者は、法令に基づく場合を除くほか、仮名加工情報（個人情報であるものを除く。次項及び第3項において同じ。）を第三者に提供してはならない。

2　第27条第5項及び第6項の規定は、仮名加工情報の提供を受ける者について準用する。この場合において、同条第5項中「前各項」とあるのは「第42条第1項」と、同項第1号中「個人情報取扱事業者」とあるのは「仮名加工情報取扱事業者」と、同項第3号中「、本人に通知し、又は本人が容易に知り得る状態に置いて」とあるのは「公表して」と、同条第6項中「個人情報取扱事業者」とあるのは「仮名加工情報取扱事業者」と、「、本人に通知し、又は本人が容易に知り得る状態に置かなければ」とあるのは「公表しなければ」と読み替えるものとする。

3 第23条から第25条まで、第40条並びに前条第7項及び第8項の規定は、仮名加工情報取扱事業者による仮名加工情報の取扱いについて準用する。この場合において、第23条中「漏えい、滅失又は毀損」とあるのは「漏えい」と、前条第7項中「ために、」とあるのは「ために、削除情報等を取得し、又は」と読み替えるものとする。

第4節 匿名加工情報取扱事業者等の義務

（匿名加工情報の作成等）

第43条 個人情報取扱事業者は、匿名加工情報（匿名加工情報データベース等を構成するものに限る。以下この章及び第6章において同じ。）を作成するときは、特定の個人を識別すること及びその作成に用いる個人情報を復元することができないようにするために必要なものとして個人情報保護委員会規則で定める基準に従い、当該個人情報を加工しなければならない。

2 個人情報取扱事業者は、匿名加工情報を作成したときは、その作成に用いた個人情報から削除した記述等及び個人識別符号並びに前項の規定により行った加工の方法に関する情報の漏えいを防止するために必要なものとして個人情報保護委員会規則で定める基準に従い、これらの情報の安全管理のための措置を講じなければならない。

3 個人情報取扱事業者は、匿名加工情報を作成したときは、個人情報保護委員会規則で定めるところにより、当該匿名加工情報に含まれる個人に関する情報の項目を公表しなければならない。

4 個人情報取扱事業者は、匿名加工情報を作成して当該匿名加工情報を第三者に提供するときは、個人情報保護委員会規則で定めるところにより、あらかじめ、第三者に提供される匿名加工情報に含まれる個人に関する情報の項目及びその提供の方法について公表するとともに、当該第三者に対して、当該提供に係る情報が匿名加工情報である旨を明示しなければならない。

5 個人情報取扱事業者は、匿名加工情報を作成して自ら当該匿名加工情報を取り扱うに当たっては、当該匿名加工情報の作成に用いられた個人情報に係る本人を識別するために、当該匿名加工情報を他の情報と照合してはならない。

6 個人情報取扱事業者は、匿名加工情報を作成したときは、当該匿名加工情報の安全管理のために必要かつ適切な措置、当該匿名加工情報の作成その他の取扱いに関する苦情の処理その他の当該匿名加工情報の適正な取扱いを確保するために必要な措置を自ら講じ、かつ、当該措置の内容を公表するよう努めなければならない。

（匿名加工情報の提供）

第44条　匿名加工情報取扱事業者は、匿名加工情報（自ら個人情報を加工して作成したものを除く。以下この節において同じ。）を第三者に提供するときは、個人情報保護委員会規則で定めるところにより、あらかじめ、第三者に提供される匿名加工情報に含まれる個人に関する情報の項目及びその提供の方法について公表するとともに、当該第三者に対して、当該提供に係る情報が匿名加工情報である旨を明示しなければならない。

（識別行為の禁止）

第45条　匿名加工情報取扱事業者は、匿名加工情報を取り扱うに当たっては、当該匿名加工情報の作成に用いられた個人情報に係る本人を識別するために、当該個人情報から削除された記述等若しくは個人識別符号若しくは第43条第1項若しくは第116条第1項（同条第2項において準用する場合を含む。）の規定により行われた加工の方法に関する情報を取得し、又は当該匿名加工情報を他の情報と照合してはならない。

（安全管理措置等）

第46条　匿名加工情報取扱事業者は、匿名加工情報の安全管理のために必要かつ適切な措置、匿名加工情報の取扱いに関する苦情の処理その他の匿名加工情報の適正な取扱いを確保するために必要な措置を自ら講じ、かつ、当該措置の内容を公表するよう努めなければならない。

第6章　個人情報保護委員会

第2節　監督及び監視

第1款　個人情報取扱事業者等の監督

（報告及び立入検査）

第146条　委員会は、第4章（第5節を除く。次条及び第151条において同じ。）の規定の施行に必要な限度において、個人情報取扱事業者、仮名加工情報取扱事業者、匿名加工情報取扱事業者又は個人関連情報取扱事業者（以下この款において「個人情報取扱事業者等」という。）その他の関係者に対し、個人情報、仮名加工情報、匿名加工情報又は個人関連情報（以下この款及び第3款において「個人情報等」という。）の取扱いに関し、必要な報告若しくは資料の提出を求め、又はその職員に、当該個人情報取扱事業者等その他の関係者の事務所その他必要な場所に立ち入らせ、個人情報等の取扱いに関し質問させ、若しくは帳簿書類その他の物件を検査させることができる。

2　前項の規定により立入検査をする職員は、その身分を示す証明書を携帯し、関係人の請求があったときは、これを提示しなければならない。
3　第1項の規定による立入検査の権限は、犯罪捜査のために認められたものと解釈してはならない。
（指導及び助言）
第147条　委員会は、第4章の規定の施行に必要な限度において、個人情報取扱事業者等に対し、個人情報等の取扱いに関し必要な指導及び助言をすることができる。
（勧告及び命令）
第148条　委員会は、個人情報取扱事業者が第18条から第20条まで、第21条（第1項、第3項及び4項の規定を第41条第4項の規定により読み替えて適用する場合を含む。）、第23条から第26条まで、第27条（第4項を除き、第5項及び第6項の規定を第41条第6項の規定により読み替えて適用する場合を含む。）、第28条、第29条（第1項ただし書の規定を第41条第6項の規定により読み替えて適用する場合を含む。）、第30条（第2項を除き、第1項ただし書の規定を第41条第6項の規定により読み替えて適用する場合を含む。）、第32条、第33条（第1項（第5項において準用する場合を含む。）を除く。）、第34条第2項若しくは第3項、第35条（第1項、第3項及び第5項を除く。）、第38条第2項、第41条（第4項及び第5項を除く。）若しくは第43条（第6項を除く。）の規定に違反した場合、個人関連情報取扱事業者が第31条第1項、同条第2項において読み替えて準用する第28条第3項若しくは第31条第3項において読み替えて準用する第30条第3項若しくは第4項の規定に違反した場合、仮名加工情報取扱事業者が第42条第1項、同条第2項において読み替えて準用する第27条第5項若しくは第6項若しくは第42条第3項において読み替えて準用する第23条から第25条まで若しくは第41条第7項若しくは第8項の規定に違反した場合又は匿名加工情報取扱事業者が第44条若しくは第45条の規定に違反した場合において個人の権利利益を保護するため必要があると認めるときは、当該個人情報取扱事業者等に対し、当該違反行為の中止その他違反を是正するために必要な措置をとるべき旨を勧告することができる。
2　委員会は、前項の規定による勧告を受けた個人情報取扱事業者等が正当な理由がなくてその勧告に係る措置をとらなかった場合において個人の重大な権利利益の侵害が切迫していると認めるときは、当該個人情報取扱事業者等に対し、その勧告に係る措置をとるべきことを命ずることができる。
3　委員会は、前二項の規定にかかわらず、個人情報取扱事業者が第18条から第20条まで、第23条から第26条まで、第27条第1項、第28条第1項若しくは第3項、第41条第1項から第3項まで若しくは第6項から第8項まで若しくは

第43条第1項、第2項若しくは第5項の規定に違反した場合、個人関連情報取扱事業者が第31条第1項若しくは同条第2項において読み替えて準用する第28条第3項の規定に違反した場合、仮名加工情報取扱事業者が第42条第1項若しくは同条第3項において読み替えて準用する第23条から第25条まで若しくは第41条第7項若しくは第8項の規定に違反した場合又は匿名加工情報取扱事業者が第45条の規定に違反した場合において個人の重大な権利利益を害する事実があるため緊急に措置をとる必要があると認めるときは、当該個人情報取扱事業者等に対し、当該違反行為の中止その他違反を是正するために必要な措置をとるべきことを命ずることができる。

4　委員会は、前二項の規定による命令をした場合において、その命令を受けた個人情報取扱事業者等がその命令に違反したときは、その旨を公表することができる。

（委員会の権限の行使の制限）

第149条　委員会は、前三条の規定により個人情報取扱事業者等に対し報告若しくは資料の提出の要求、立入検査、指導、助言、勧告又は命令を行うに当たっては、表現の自由、学問の自由、信教の自由及び政治活動の自由を妨げてはならない。

2　前項の規定の趣旨に照らし、委員会は、個人情報取扱事業者等が第57条第1項各号に掲げる者（それぞれ当該各号に定める目的で個人情報等を取り扱う場合に限る。）に対して個人情報等を提供する行為については、その権限を行使しないものとする。

第8章　罰則

第178条　第148条第2項又は第3項の規定による命令に違反した場合には、当該違反行為をした者は、1年以下の懲役又は100万円以下の罰金に処する。

第179条　個人情報取扱事業者（その者が法人（法人でない団体で代表者又は管理人の定めのあるものを含む。第184条第1項において同じ。）である場合にあっては、その役員、代表者又は管理人）若しくはその従業者又はこれらであった者が、その業務に関して取り扱った個人情報データベース等（その全部又は一部を複製し、又は加工したものを含む。）を自己若しくは第三者の不正な利益を図る目的で提供し、又は盗用したときは、1年以下の懲役又は50万円以下の罰金に処する。

第182条　次の各号のいずれかに該当する場合には、当該違反行為をした者は、50万円以下の罰金に処する。

一　第146条第1項の規定による報告若しくは資料の提出をせず、若しくは虚偽の報告をし、若しくは虚偽の資料を提出し、又は当該職員の質問に対して答弁をせず、若しくは虚偽の答弁をし、若しくは検査を拒み、妨げ、若しくは忌避したとき。

二　第153条の規定による報告をせず、又は虚偽の報告をしたとき。

第183条　第176条、第177条及び第179条から第181条までの規定は、日本国外においてこれらの条の罪を犯した者にも適用する。

第184条　法人の代表者又は法人若しくは人の代理人、使用人その他の従業者が、その法人又は人の業務に関して、次の各号に掲げる違反行為をしたときは、行為者を罰するほか、その法人に対して当該各号に定める罰金刑を、その人に対して各本条の罰金刑を科する。

一　第178条及び第179条　1億円以下の罰金刑

二　第182条　同条の罰金刑

2　法人でない団体について前項の規定の適用がある場合には、その代表者又は管理人が、その訴訟行為につき法人でない団体を代表するほか、法人を被告人又は被疑者とする場合の刑事訴訟に関する法律の規定を準用する。

第185条　次の各号のいずれかに該当する者は、10万円以下の過料に処する。

一　第30条第2項（第31条第3項において準用する場合を含む。）又は第56条の規定に違反した者

二　第51条第1項の規定による届出をせず、又は虚偽の届出をした者

◉会社法

（役員等の株式会社に対する損害賠償責任）

第423条　取締役、会計参与、監査役、執行役又は会計監査人（以下この章において「役員等」という。）は、その任務を怠ったときは、株式会社に対し、これによって生じた損害を賠償する責任を負う。

2　取締役又は執行役が第356条第1項（第419条第2項において準用する場合を含む。以下この項において同じ。）の規定に違反して第356条第1項第1号の取引をしたときは、当該取引によって取締役、執行役又は第三者が得た利益の額は、前項の損害の額と推定する。

3　第356条第1項第2号又は第3号（これらの規定を第419条第2項において準用する場合を含む。）の取引によって株式会社に損害が生じたときは、次に掲げる取締役又は執行役は、その任務を怠ったものと推定する。

一　第356条第1項（第419条第2項において準用する場合を含む。）の取締役又は執行役

二　株式会社が当該取引をすることを決定した取締役又は執行役

三　当該取引に関する取締役会の承認の決議に賛成した取締役（指名委員会等設置会社においては、当該取引が指名委員会等設置会社と取締役との間の取引又は指名委員会等設置会社と取締役との利益が相反する取引である場合に限る。）

4　前項の規定は、第356条第1項第2号又は第3号に掲げる場合において、同項

の取締役（監査等委員であるものを除く。）が当該取引につき監査等委員会の承認を受けたときは、適用しない。

（役員等の第三者に対する損害賠償責任）

第 429 条　役員等がその職務を行うについて悪意又は重大な過失があったときは、当該役員等は、これによって第三者に生じた損害を賠償する責任を負う。

2　次の各号に掲げる者が、当該各号に定める行為をしたときも、前項と同様とする。ただし、その者が当該行為をすることについて注意を怠らなかったことを証明したときは、この限りでない。

一　取締役及び執行役　次に掲げる行為

イ　株式、新株予約権、社債若しくは新株予約権付社債を引き受ける者の募集をする際に通知しなければならない重要な事項についての虚偽の通知又は当該募集のための当該株式会社の事業その他の事項に関する説明に用いた資料についての虚偽の記載若しくは記録

ロ　計算書類及び事業報告並びにこれらの附属明細書並びに臨時計算書類に記載し、又は記録すべき重要な事項についての虚偽の記載又は記録

ハ　虚偽の登記

ニ　虚偽の公告（第 440 条第 3 項に規定する措置を含む。）

二　会計参与　計算書類及びその附属明細書、臨時計算書類並びに会計参与報告に記載し、又は記録すべき重要な事項についての虚偽の記載又は記録

三　監査役、監査等委員及び監査委員　監査報告に記載し、又は記録すべき重要な事項についての虚偽の記載又は記録

四　会計監査人　会計監査報告に記載し、又は記録すべき重要な事項についての虚偽の記載又は記録

（株主による責任追及等の訴え）

第 847 条　6 箇月（これを下回る期間を定款で定めた場合にあっては、その期間）前から引き続き株式を有する株主（第 189 条第 2 項の定款の定めによりその権利を行使することができない単元未満株主を除く。）は、株式会社に対し、書面その他の法務省令で定める方法により、発起人、設立時取締役、設立時監査役、役員等（第 423 条第 1 項に規定する役員等をいう。）若しくは清算人（以下この節において「発起人等」という。）の責任を追及する訴え、第 102 条の 2 第 1 項、第 212 条第 1 項若しくは第 285 条第 1 項の規定による支払を求める訴え、第 120 条第 3 項の利益の返還を求める訴え又は第 213 条の 2 第 1 項若しくは第 286 条の 2 第 1 項の規定による支払若しくは給付を求める訴え（以下この節において「責任追及等の訴え」という。）の提起を請求することができる。ただし、責任追及等の訴えが当該株主若しくは第三者の不正な利益を図り又は当該株式会社に損害を加えることを目的とする場合は、この限りでない。

2　公開会社でない株式会社における前項の規定の適用については、同項中「6箇月（これを下回る期間を定款で定めた場合にあっては、その期間）前から引き続き株式を有する株主」とあるのは、「株主」とする。

3　株式会社が第1項の規定による請求の日から60日以内に責任追及等の訴えを提起しないときは、当該請求をした株主は、株式会社のために、責任追及等の訴えを提起することができる。

4　株式会社は、第1項の規定による請求の日から60日以内に責任追及等の訴えを提起しない場合において、当該請求をした株主又は同項の発起人等から請求を受けたときは、当該請求をした者に対し、遅滞なく、責任追及等の訴えを提起しない理由を書面その他の法務省令で定める方法により通知しなければならない。

5　第1項及び第3項の規定にかかわらず、同項の期間の経過により株式会社に回復することができない損害が生ずるおそれがある場合には、第1項の株主は、株式会社のために、直ちに責任追及等の訴えを提起することができる。ただし、同項ただし書に規定する場合は、この限りでない

◉日本国憲法

第13条　すべて国民は、個人として尊重される。生命、自由及び幸福追求に対する国民の権利については、公共の福祉に反しない限り、立法その他の国政の上で、最大の尊重を必要とする。

◉民法

（債務不履行による損害賠償）

第415条　債務者がその債務の本旨に従った履行をしないとき又は債務の履行が不能であるときは、債権者は、これによって生じた損害の賠償を請求することができる。ただし、その債務の不履行が契約その他の債務の発生原因及び取引上の社会通念に照らして債務者の責めに帰することができない事由によるものであるときは、この限りでない。

（使用者等の責任）

第715条　ある事業のために他人を使用する者は、被用者がその事業の執行について第三者に加えた損害を賠償する責任を負う。ただし、使用者が被用者の選任及びその事業の監督について相当の注意をしたとき、又は相当の注意をしても損害が生ずべきであったときは、この限りでない。

2　使用者に代わって事業を監督する者も、前項の責任を負う。

3　前二項の規定は、使用者又は監督者から被用者に対する求償権の行使を妨げない。

第11章 製造物責任リスク

1. 製造物責任リスクとは

製造又は販売された製品が、製造物の欠陥によって、その消費者や使用者、その他の第三者の生命、身体又は財産に与えた被害について、製造者、販売者が負担する民事責任のリスクが製造物責任リスクです。次に述べる製造物責任法（PL法）に基づき製造業者等の損害賠償責任について定められています。

2. 製造物責任法（PL法）

製造物責任法（PL法）とは、製造物の欠陥によって、生命、身体又は財産に損害を被った場合に、被害者が製造業者等に対して損害賠償を求めることができることを定めた法律です。平成6（1994）年7月に公布され、翌年の平成7（1995）年7月から施行されました。

被害者の円滑かつ適切な救済という観点から、製造業者等に「過失」がなくても、製品に「欠陥」がある場合に製造業者等に賠償責任を負わせることにより、被害者の立証負担を軽減することを目的としています。

基本的な要件は、製造業者等が引き渡した製造物の欠陥により、他人の生命、身体又は財産を侵害したことです。

ここで、製造業者等とは「製造物を業として製造、加工又は輸入した者、製造物に製造業者と誤認させるような氏名等の表示をした者等」、製造物とは「製造又は加工された動産」（無体物・不動産は本法の対象外）、欠陥とは「製造物が通常有すべき安全性を欠いていること」（製造物の特性、通常予見される使用形態、製造物を引き渡した時期等の事情を総合的に考慮して判断）です。

なお、拡大損害が生じたこと（製造物以外の財産に損害が発生したとき）が対象であり、損害が当該製造物についてのみ生じたときは、本法による損害賠償の対象外となります。

以下の裁判事例における争点によりPL法の条文の内容を確認しておきます。

【製造物責任リスクに関する裁判例】

〈東京高裁平成17年1月26日判決　イシガキダイ料理食中毒事件〉

料亭で料理されたイシガキダイに含まれていたシガテラ毒素が原因で食中毒に罹患し、下痢、嘔吐等の症状が生じた客らが、料亭経営者（Y）に対し、製造物責任に基づき損害賠償を求める等した事案です。

平成11年8月13日、割烹料亭においてイシガキダイのアライ、兜の塩焼き等の料理を喫食し、イシガキダイに含まれていたシガテラ毒素を原因とする食中毒が発生しました。

イシガキダイ料理によるシガテラ毒素食中毒に罹って損害を被ったとして、製造物責任（製造物責任法3条）又は瑕疵担保責任（民法634条2項）に基づき損害賠償を求めた事案の判例で損害賠償を認める判決となりました。

裁判におけるPL法上の論点をまとめると以下のようになります。

（PL法上の論点）

(1)〔製造又は加工〕

第2条第1項 「製造物」とは、製造又は加工された動産をいう。

Yは、本件イシガキダイを捌き内臓を除去して3枚におろして身、腹す、兜、中骨に分けて、身の部分を氷水で締めてアライにして客らに提供したほか、兜や中骨の部分を塩焼きにし、本件料理として提供したことが認められる。そうすると、Yは、本件イシガキダイという食材に手を加え、客に料理として提供できる程度にこれを調理したものといえるから、このようなYの調理行為は、原材料である本件イシガキダイに人の手を加えて新しい属性ないし価値を加えたものとして、法にいう「加工」に該当するものというべきである。

(2)〔業として製造・加工又は輸入した者〕

第2条第3項 「製造業者等」とは、当該製造物を業として製造、加工又は輸入した者をいう。

Yは、自らについて個人で飲食店を経営する調理師にすぎず、ある意味では一消費者と変わらない立場にあるところ、調理師として要求される義務を尽くして料理を提供しても、なお本件イシガキダイに含まれていたシガテラ毒素を発見、除去し得なかったという本件のような極めて稀有な食中毒事例においてまで、法を適用し、生じた損害を自らに一方的に転嫁することは社会通念上相当でないと主張している。しかし、製造物責任を負うべき主体は、当該製造物を「業として」製造、加工又は輸入した者等に限られているのであって、製造物責任の主体となり得るか否かは、製造物の製造、加工又は輸入を業として反復継続する者であるか否かによって画されていることは明らかである。また、法が製造業者等の事業態様や経営規模については特段の制約を設けていないこともまた明らかである。

(3)〔免責事由―開発危険の抗弁〕

第４条第１号　当該製造物をその製造業者等が引き渡した時における科学又は技術に関する知見によっては、当該製造物にその欠陥があることを認識することができなかったこと。

Ｙは、本件当時、漁獲された魚を調理する前に、シガテラ毒素を検出する簡易かつ迅速な方法は、世界最高水準の科学技術の知見をもってしても存在しなかった旨指摘するが、開発危険の抗弁の要件は、欠陥の認識不可能性にとどまり、その危険排除の不可能性を要求しているわけではないから、上記指摘は失当である。

すなわち、料亭側は、シガテラ毒素の識別が著しく困難であること、シガテラ中毒の有効な予防対策がないことをも免責の根拠として主張しましたが、法４条の規定する証明がされない限り、たとえ欠陥の発生の防止措置や発見方法が存在しないことが証明されても、製造業者等が製造物責任を負うことを免れるものではないとし、このような料亭側の主張は退けられました。

（消費者庁「ＰＬ法論点別裁判例」[48]「イシガキダイ料理食中毒事件」（NO.94）p.2、p.15、p.23を参考に作成）

48　消費者庁ウェブサイト「ＰＬ法論点別裁判例」
（https://www.caa.go.jp/policies/policy/consumer_safety/other/product_liability_act/assets/comsumer_safety_cms206_211224_01.pdf）

3. 製造物責任リスクの特性

現代の社会では、大量生産方式が採用される中で、一つの製品の欠陥から生じる事故は巨額の損害賠償請求が求められる可能性があります。また、多数の被害者の状況や、製品の欠陥の詳細、製造過程などの問題がマスコミ等で報道されると、製造者のイメージの低下など、経営にとって深刻な影響が長期間存続する可能性があります。さらに、ガバナンスの問題などが指摘されると、企業の根本的な経営姿勢が問われることとなり、企業の存続すら危うくなります。

4. 製造物責任リスクマネジメント

製造物責任リスクへの対策は、発生前の事前対策と発生後の事後対策に分けて考えることができます。すなわち、製造物責任への対策は、事故発生自体を未然に防止するための活動である製造物責任予防（PLP：Product Liability Prevention）と、事故発生後に損害を少なくするための対応である製造物責任防御（PLD：Product Liability Defense）の大きく二つに分かれます[49]。

PLP対策は、安全で欠陥のない製品を設計・製造するための活動、すなわち製品安全対策のことです。製品の設計上の欠陥、製造上の欠陥、指示・警告上の欠陥をなくすための製品安全活動がPLPの中心となります。

PLD対策は、事故発生前に実施する対応と発生後に対応するものがあります。

事故発生前に対応するものとしては、訴訟に備えた社内文書管理体制の整備、関連業者との契約の整備による責任関係の明確化、生産物賠償責任保険（PL保険）への加入などがあります。

事故発生後に対応するものとして、初期の被害者への対応、マスコミへの対応、官公庁への対応などがあります。そして、事故の原因究明と再発防止策の

49　インターリスク総研編『実践リスクマネジメント－事例に学ぶ企業リスクのすべて－〔第4版〕』（経済法令研究会、2010年）pp.208-209を参考に記述

検討を行うとともに、関連企業との責任分担の検討、損害の確定、賠償条件の交渉を行うことになります。

なお、PLP、PLD 共通の対策としては、「製品安全に関する企業理念の確立」、「全社的体制の構築」、「経営最高責任者への報告体制の確立」、「社員教育の充実」、「情報管理の徹底」などを進めることが重要です[50]。これらはあらゆるリスクマネジメントに共通のものでもあります。

[図表 11-1] PL 対策の全体像

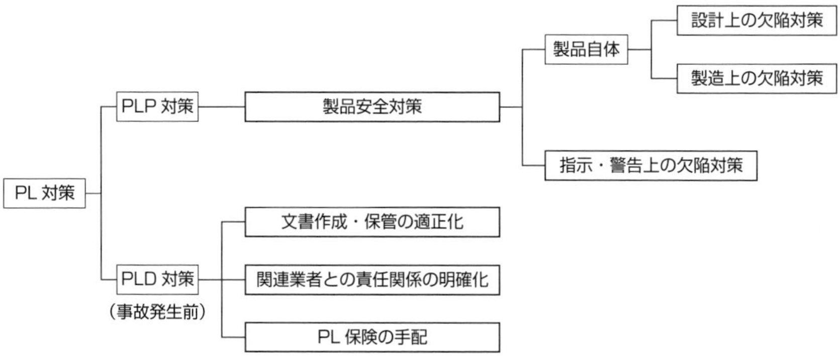

出所：インターリスク総研編（2010）p.209 より。

5. 生産物賠償責任保険（国内 PL 保険）

生産物賠償責任保険（国内 PL 保険）は、第三者に引き渡した物や製品、業務の結果に起因して法律上の賠償責任を負担した場合の損害を、身体障害又は財物損壊が生じることを条件としててん補する賠償責任保険です。

例えば、製造業者や販売業者が製造・販売した製品や商品（生産物）、工事業者が仕事の終了後行った仕事の結果が原因となり、他人にケガをさせたり（対人事故）、他人の物を壊したり（対物事故）したために、被保険者が法律上の損害賠償責任を負担した場合に被る損害を補償する保険です。

保険金が支払われるのは、法律上の損害賠償金だけでなく、賠償責任に関す

50 赤堀勝彦（2017）p.178

る訴訟費用・弁護士費用等なども対象になります。さらに、紛争解決に要した費用については、最終的には被保険者に損害賠償責任がないことが確定した場合でも、保険によりてん補されます。

また、法律上の損害賠償金とは製造物責任法に基づくものだけには限定されません。民法上の不法行為責任や債務不履行などに基づく損害賠償責任もその対象になります。

なお、免責事由など PL 保険の詳細については、損害保険会社のホームページなどで詳細が確認できます。

《関係法令（抜粋）》

◉製造物責任法

（目的）

第１条　この法律は、製造物の欠陥により人の生命、身体又は財産に係る被害が生じた場合における製造業者等の損害賠償の責任について定めることにより、被害者の保護を図り、もって国民生活の安定向上と国民経済の健全な発展に寄与することを目的とする。

（定義）

第２条　この法律において「製造物」とは、製造又は加工された動産をいう。

２　この法律において「欠陥」とは、当該製造物の特性、その通常予見される使用形態、その製造業者等が当該製造物を引き渡した時期その他の当該製造物に係る事情を考慮して、当該製造物が通常有すべき安全性を欠いていることをいう。

３　この法律において「製造業者等」とは、次のいずれかに該当する者をいう。

一　当該製造物を業として製造、加工又は輸入した者（以下単に「製造業者」という。）

二　自ら当該製造物の製造業者として当該製造物にその氏名、商号、商標その他の表示（以下「氏名等の表示」という。）をした者又は当該製造物にその製造業者と誤認させるような氏名等の表示をした者

三　前号に掲げる者のほか、当該製造物の製造、加工、輸入又は販売に係る形態その他の事情からみて、当該製造物にその実質的な製造業者と認めることができる氏名等の表示をした者

（製造物責任）

第３条　製造業者等は、その製造、加工、輸入又は前条第３項第２号若しくは第３号の氏名等の表示をした製造物であって、その引き渡したものの欠陥により他人

の生命、身体又は財産を侵害したときは、これによって生じた損害を賠償する責めに任ずる。ただし、その損害が当該製造物についてのみ生じたときは、この限りでない。

（免責事由）

第４条 前条の場合において、製造業者等は、次の各号に掲げる事項を証明したときは、同条に規定する賠償の責めに任じない。

一 当該製造物をその製造業者等が引き渡した時における科学又は技術に関する知見によっては、当該製造物にその欠陥があることを認識することができなかったこと。

二 当該製造物が他の製造物の部品又は原材料として使用された場合において、その欠陥が専ら当該他の製造物の製造業者が行った設計に関する指示に従ったことにより生じ、かつ、その欠陥が生じたことにつき過失がないこと。

（消滅時効）

第５条 第３条に規定する損害賠償の請求権は、次に掲げる場合には、時効によって消滅する。

一 被害者又はその法定代理人が損害及び賠償義務者を知った時から３年間行使しないとき。

二 その製造業者等が当該製造物を引き渡した時から10年を経過したとき。

２ 人の生命又は身体を侵害した場合における損害賠償の請求権の消滅時効についての前項第１号の規定の適用については、同号中「３年間」とあるのは、「５年間」とする。

３ 第１項第２号の期間は、身体に蓄積した場合に人の健康を害することとなる物質による損害又は一定の潜伏期間が経過した後に症状が現れる損害については、その損害が生じた時から起算する。

（民法の適用）

第６条 製造物の欠陥による製造業者等の損害賠償の責任については、この法律の規定によるほか、民法（明治29年法律第89号）の規定による。

第12章 企業不祥事のリスク

1．企業不祥事とは何か

企業不祥事とは一般的に、企業の犯罪や不正行為などをいいます。その発生形態や影響を与える対象により様々な定義がなされていますが、日本監査役協会ケース・スタディ委員会では「会社の役職員による、不正の行為又は法令もしくは定款に違反する重大な事実、その他会社に対する社会の信頼を損なわせるような不名誉で好ましくない事象をいう。」[51]と定義しています。なお、違反する対象としては、法令や定款だけでなく、広く「公共の利害や社会の規範」に反する行為も含めて考える方が適切であると考えられます[52]。

企業トップによる企業不祥事を防止する方策としての企業統治（コーポレート・ガバナンス）の強化については、2014年の会社法の改正[53]、スチュワードシップ・コードの制定、2015年のコーポレートガバナンス・コードの制定が行われたにもかかわらず、不祥事の発生は後を絶ちません。

すなわち、自動車業界の性能データ改ざん・検査偽装、食品の産地偽装、粉飾決算など、近年企業不祥事の発生は歯止めがかからないような状況です。企業不祥事が発生すると、会社の信用失墜はもとより、業績の悪化を招き、その存続が危ぶまれる事態に陥ることもあります。したがって、その未然防止を図ることは、企業経営における最重要課題といえます。筆者自身も倒産した金融機関や企業をいくつも見てきましたが、不祥事に起因する倒産も決して少なくありません。

51　社団法人日本監査役協会ケース・スタディ委員会「企業不祥事の防止と監査役」2009年10月2日

52　稲葉陽二『企業不祥事はなぜ起きるのか』（中公新書、2017年）p.42

53　監査等委員会に、取締役等の職務の執行の監査、監督について強い権限を与える制度である「監査等委員会設置会社の創設」、社外取締役の独立性を高めるための「社外取締役の要件の強化」などの改正が行われた。

企業不祥事は種々の形態をとって発生します。近年日本企業の引き起こした不祥事のタイプを総括すると、次のようになります[54]。

1）工事や部材のデータ改ざん、試験計測データの偽装
2）建設工事などに係る談合
3）食品中毒、食品偽装、品質表示偽装
4）贈収賄、汚職
5）疑獄事件、すなわち贈収賄など犯罪の疑いがあって、検察官の追及を受けながらも罪の有無の判じにくい事件
6）自動車の燃費の詐称、不正計測
7）不正会計、会計監査の実効性問題
8）銀行の暴力団融資—反社会勢力取引
9）化粧品の製品瑕疵
10）欠陥製品のリコール隠し
11）金融機関におけるインサイダー取引、金融犯罪
12）産業廃棄物の不法投棄
13）環境汚染とその隠蔽

具体的な事例を挙げると、1990年代初め3,000億円超の使途不明金を発生させたイトマン事件、2002年の未認可添加物を使用したダスキン（ミスタードーナツ）事件、2004年の有価証券報告書虚偽記載の西武鉄道事件、2011年に巨額損失の隠蔽が発覚したオリンパス光学事件、2011年に創業者役員の横領が発覚した大王製紙事件、2013年のカネボウ化粧品会社の白斑様症状事件、2013年のみずほ銀行暴力団融資事件、2015年以降には、東洋ゴム工業免震ゴム性能偽装事件（2015年）、三井不動産のマンション傾斜事件（2015年）、東芝の不正会計事件（2015年）、三菱自動車の性能データ改ざん事件（2016年）、スルガ銀行不正融資事件（2018年）、かんぽ生命保険事件（2019年）、などがあります。

54 若杉 明「日本企業の不祥事の特質」LEC会計大学院紀要16（0), 53-66, 2018 pp.53-54

また、2023年に発生した、ビッグモーターの保険金不正請求問題、ジャニーズ事務所の性加害問題などは記憶に新しいところです。挙げればきりがないほど、大手企業の不祥事は後を絶ちません。

Column

スチュワードシップ・コード

スチュワード（steward）とは執事、財産管理人の意味を持つ英語です。スチュワードシップ・コードは、金融機関による投資先企業の経営監視などコーポレート・ガバナンス（企業統治）への取組が不十分であったことが、リーマン・ショックによる金融危機を深刻化させたとの反省に立ち、英国で2010年に金融機関を中心とした機関投資家のあるべき姿を規定したガイダンス（解釈指針）のことです。

投資先企業の企業価値を向上し、受益者のリターンを最大化する狙いの下、機関投資家は（1）受託者責任の果たし方の方針公表、（2）利益相反の管理に関する方針公表、（3）投資先企業の経営モニタリング、（4）受託者活動強化のタイミングと方法のガイドラインの設定、（5）他の投資家との協働、（6）議決権行使の方針と行使結果の公表、（7）受託者行動と議決権行使活動の定期的報告、を行うべきとする7つの原則で構成されています。

日本版スチュワードシップ・コードは、英国が2010年に策定した「スチュワードシップ・コード」（The UK Stewardship Code）を参考に金融庁が2014年2月に策定しました。日本の上場株式に投資する国内外の機関投資家が「責任ある機関投資家」であるために有用と考えられる諸原則のことです。「責任ある機関投資家」とは、スチュワードシップ責任ともいわれますが、機関投資家が投資先企業との建設的な対話を通してその持続的成長を促し、顧客・受益者の中長期的な投資リターンの拡大を図る責任のことをいいます。

（野村證券「証券用語解説集」（https://www.nomura.co.jp/terms/japan/su/A02233.html）より）

Column

コーポレートガバナンス・コード

2013 年に日本政府が閣議決定した「日本再興戦略（Japan is Back)」及び 2014 年の改定版で、成長戦略として掲げた三つのアクションプランの一つ「日本産業再興プラン」の具体的施策である「コーポレートガバナンス（企業統治)」の強化を、官民挙げて実行する上での規範です。「コード」は規則を意味しますが、細則の規定集ではなく原則を示したものです。2015 年６月から適用されています。

本コードは大きく５つの基本原則で構成され、(1) 株主の権利・平等性の確保、(2) 株主以外のステーク・ホルダーとの適切な協働、(3) 適切な情報開示と透明性の確保、(4) 取締役会等の責務、(5) 株主の対話、に関する指針が示されています。

「日本版スチュワードシップ・コード」が機関投資家や投資信託の運用会社、年金基金などの責任原則であるのに対し、本コードは上場企業に適用されます。両コードともに法的拘束力はありませんが、「コンプライ・オア・エクスプレイン（Comply or Explain)」の精神の下、原則を実施するか、さもなければ実施しない理由を説明するかを求めています。

本コードの策定を受け、東京証券取引所は上場制度を一部見直し、同様に 2015 年６月から制度改正が適用となっています。従来からあるコーポレートガバナンス報告書に本コードの実施に関する情報開示を義務付け、実施しない場合はその理由の明記が必要です。政策保有株（持ち合い株）に関する方針や取締役会に関する開示などが中心であり、会社の持続的成長・中長期的企業価値向上に寄与する独立社外取締役を２名以上選任することも新たな上場制度に盛り込まれました。

2018 年６月には初の改訂版を公表し、政策保有株削減の促進、経営トップの選任・解任手続の透明性、女性や外国人の登用による取締役会の多様化を求めました。

（野村證券「証券用語解説集」(https://www.nomura.co.jp/terms/japan/ko/A02483.html) より）

Column

第三者委員会

第三者委員会とは、企業等が不祥事を起こした際に、原因究明や再発防止策の検討などを行うことを目的として、当事者以外の外部の有識者を中心にメンバー構成され、設置される委員会のことです。メンバーには弁護士や公認会計士が参加する場合がほとんどです。

企業等が弁護士に対し内部調査への参加を依頼する「内部調査委員会」では、株主、投資家、消費者、取引先、従業員、債権者、地域住民などといったすべてのステーク・ホルダーや、これらを代弁するメディア等に対する説明責任を果たすことは困難となりつつあります。

そこで、注目されるようになったのが、企業等から独立した委員のみをもって構成され、徹底した調査を実施した上で、原因を分析し、必要に応じて具体的な再発防止策等を提言するタイプの委員会である「第三者委員会」です。すなわち、経営者等自身のためではなく、すべてのステーク・ホルダーのために調査を実施し、それを対外公表することで、最終的には企業等の信頼と持続可能性を回復することを目的とするのが、この第三者委員会の使命であるとされます。

（日本弁護士連合会「『企業等不祥事における第三者委員会ガイドライン』の策定にあたって」（2010 年 7 月 15 日、改訂 2010 年 12 月 17 日）を参考に記述）

2. 不祥事発生の原因

企業不祥事発生については、その原因を分類することで対策も立てやすくなります。分類にはいくつかの切り口があります。例えば、発生の源を「製品・サービス」にあるのか、「企業・組織」の問題にあるのかに分類する例、個人的なものか、組織的なものかに分類する例、意図的なのか、非意図的なのかに分類する例などがあります。

ここで、個人的なものか組織的なものか、意図的なものか非意図的なものかに分類する例を挙げておきます（[図表 12-1]）。

なお、不祥事の原因は段階的に変化する場合も考えられます。例えば、発生時点では作業ミスなど個人的で非意図的であったものが、企業がこの発覚を恐れて世間に隠ぺいすると、組織的・意図的な不祥事に発展します。

日本監査役協会では、公表事案や報道等を参考に近時の企業不祥事として特に留意すべき類型の抽出を行った結果、五つの類型に絞り込まれている[55]とし、①不適切会計、②品質・データ偽装、③贈賄・独禁法抵触・横領、④M&Aにおける対象会社の不正、⑤ITシステムリスクの５類型を挙げています。

［図表 12-1］　企業不祥事の分類例

	個人的	組織的
意図的	個人的で意図的な企業不祥事 （着服・横領）	組織的で意図的な企業不祥事 （隠ぺい・改ざん）
非意図的	個人的で意図せざる企業不祥事 （作業ミスなどによる局所的事故）	組織的な意図せざる企業不祥事 （大規模な組織事故）

出所：稲葉・前掲注 52 p.47 より。

［図表 12-2］　近時の企業不祥事で特に留意すべき５類型

類　型	内　容
①不適切会計	近年特に増加傾向にあることを示す調査結果もあるなど、企業不祥事防止の観点でも最も注意を払うべき重要な類型の一つとしている。
②品質・データ偽装	食品偽装、自動車の燃費の不正操作や排ガスデータの偽装、マンションの建築基準データの偽装などである。
③贈賄・独禁法抵触・横領	国内の公務員に関しては、問題となるケースが全くないわけではないが、外国公務員に対する贈賄事案が多く、特に、開発途上国を中心に外国公務員から金銭等の要求が見られる。独占禁止法事案は、価格カルテル・入札談合・受注調整のほか、優越的地位の濫用や不当廉売など多岐にわたる。従業員による横領は事案によっては不正会計とも関連するが、従業員が１億円を超える多額の横領をしていた事案もある。

55　公益社団法人日本監査役協会ケース・スタディ委員会「企業不祥事の防止と監査役等の取組－最近の企業不祥事事案の分析とアンケート結果を踏まえて－」2018 年 12 月 3 日 pp.3-6

④M＆Aにおける対象会社の不正	M&A後に過去の不正会計が発覚し、財務書類偽造など不正な経理処理や簿外債務があった事案や、不採算工事を抱え込み、多額の減損損失を計上した事案、また子会社化以前から担当していた経理担当者による棚卸資産の嵩上げの事案などが見られたとしている。
⑤ITシステムリスク	リスクは大別して二つあり、一つはITの脆弱性をついた外部からの不正アクセス等で、もう一つは、管理体制の不備による内部からの漏洩で、故意の漏洩と、パソコンやUSBメモリ等の紛失といった過失があるとしている。

出所：公益社団法人日本監査役協会ケース・スタディ委員会「企業不祥事の防止と監査役等の取組－最近の企業不祥事事案の分析とアンケート結果を踏まえて－」2018年12月3日 pp.3-6より作成。

また、同協会では、不祥事発生の原因を次の五つに類型化しています[56]。すなわち、①経営トップの関与、②特定分野・聖域、③企業風土・文化、④事故・トラブル、⑤世の中全体が一つの流れの中にあって、適法・社会的にも許されるとして行為をしたところが、その後不祥事化するケースの五つを挙げて

[図表12-3]　不祥事発生原因の５類型

発生原因	内　容
①経営トップの関与	経営トップがワンマンであったり、倫理観を欠いていたりするケース
②特定分野・聖域	特定分野・聖域であるがゆえに、業界規制法令の抜け穴を通る商行為を行ったり、他部門からのチェック機能が働きにくいことを盾に、情報伝達ルートの遮断をしたり、真実の報告をしなくなったりするケース
③企業風土・文化	保守的・守旧的な企業の場合は、長年の慣行が改められにくいので、不正・不当な慣行があったとしても、それは改善されにくく、不祥事が発生する土壌が形成されやすくなるケース
④事故・トラブル	平素の危機管理が不徹底なるがゆえに起こるケース
⑤世の中全体が一つの流れの中にあって、適法・社会的にも許されるとして行為をしたところが、その後不祥事化するケース	

出所：社団法人 日本監査役協会 ケース・スタディ委員会「企業不祥事防止と監査役の役割」2003年9月24日　はじめに、pp.2-3より作成。

56　社団法人日本監査役協会 ケース・スタディ委員会「企業不祥事防止と監査役の役割」2003年9月24日　はじめに、pp.2-3

います。

以上のように、近年の企業不祥事の発生原因は様々ですが、要約すると、主なものとして経営トップの粉飾決算指示、経営トップ自身の横領など経営トップのワンマン体制にけん制機能が働かなかったもの、食品偽装や被害発生時の対応の遅れなどの組織的不正、農薬混入などの従業員の個人的不正などが挙げられます。

ところで、「不正はこれに関与しようとする『動機』やプレッシャーとそれを実行する『機会』及びそれらの行為の『正当化』に関連している」[57]。とされます。これを、不正のトライアングル[58]といいます。例えば、千代田邦夫(2009)は、「財務諸表における重要な虚偽の表示、つまり粉飾は、多くの場合経営者不正によってもたらされる」と述べ、経営者に不正に関与する「動機やプレッシャー」があり、不正を実行する「機会」があり、経営者の「姿勢」に問題があるとしています。

3. 企業不祥事の未然防止

（1）内部統制システムの構築

企業が不祥事の未然防止対策を講じる上で重要であるのは、社内で不正が発生する根本的な原因を追究し、不正が起こる仕組みを改善することです。これまでに見てきたように、不祥事発生の根本的な原因は、経営トップ、企業風土、不適切な業界慣行、などにあると考えられます。さらに、社内不正を発見したり、発生を防止したりするためには、社内組織や規定の整備など業務の適正を確保するための体制の構築が必要です。これらを踏まえた上での内部統制システムの構築こそ最重要課題といえます。

---

57 田中恒夫（2007）p.16

58 監査論における不正に関する先行研究として、Donald Ray Cressey（1971）“Other People's Money: Study in the Social Psychology of Embezzlement（the Wadsworth Series in Analytical Ethnography）”, Patterson Smith. があげられる。本書では、不正が発生する要素として、opportunity、motivation、rationalization、すなわち「機会」「動機」「正当化」の三つを挙げている。

内部統制については、第5章でその概要を説明したところですが、ここでは企業不祥事に焦点を当てて考えてみたいと思います。

日本監査役協会では、内部統制と企業不祥事への対応[59]について、COSO報告書における内部統制の要素ごとにまとめていますので、参考に挙げておきます（[図表12-4]）。

[図表12-4]　COSO報告書における内部統制の5要素と対応

要　素	対　応
統制環境	① 経営トップの経営倫理観とコンプライアンスの組み立てに問題はないか。 ② 特定の分野・部門の聖域化はないか。 ③ 保守的・守旧的な企業風土に問題はないか。 ④ 企業のご都合論理が優先する経営姿勢が見受けられないか。
リスクの評価	① 法令軽視・無視の感覚からくるリスク評価の甘さがないか。 ② 企業内の組織的な隠蔽体質がないか。
統制活動	① 経営トップの統制活動への意図的な妨害はないか。 ② 適切な統制活動を阻害する管理基準は存在しないか。 ③ 権限の一極集中による統制活動への阻害はないか。
情報と伝達	① 情報伝達体制の整備はされているか。 ② 情報の隠蔽や伝達ルートの遮断はないか。 ③ 組織内における情報の握り潰しはないか。
監視活動	内部監視の不徹底や無機能化はないか。

出所：日本監査役協会 ケース・スタディ委員会「企業不祥事防止と監査役の役割」p.3をもとに作成。
（https://www.kansa.or.jp/wp-content/uploads/support/ns_031016_01.pdf）

なお、金融商品取引法では要素に「ITへの対応」が加えられています。この対応については、システムにおける脆弱性の確認や、内部からの漏洩を防止する上での管理体制の不備がないかを確認することなどが挙げられます。

59　社団法人 日本監査役協会 ケース・スタディ委員会「企業不祥事防止と監査役の役割」（2003年9月24日）
（https://www.kansa.or.jp/wp-content/uploads/support/ns_031016_01.pdf）

（２）ERMの構築

ERM（全社的リスクマネジメント体制）は、内部統制について、その取り扱うリスクの範囲を拡大し発展したものであり、内部統制を包含しているため、ERMの構成要素は、内部統制の基本的要素と重複しているものが多くあります。すなわち、財務報告の不正発生リスクだけでなく、あらゆるリスクに対応できるという点から、内部統制の整備に際し、それを補完する形で活用することが適切と考えられます。

第５章で既に説明しましたが、ERMにおける重要な概念は、「組織体全体にわたり適用されること」、「リスク選好を考慮すること」、「リスクと事業機会を識別すること」、「リスクは発生可能性と影響の両者を考慮すること」です。すなわち、ERMとは企業の運営上発生し得るあらゆるリスクに対し、組織全体の視点から統合的・包括的・戦略的に把握・評価・最適化し、企業価値最大化を図るリスクマネジメント手法です。したがって、ERMを構築することで、企業不祥事リスクについても、最適なマネジメントを行うことが可能となります。

（３）内部通報制度の活用

企業不祥事を防止するためには、職制による報告では上がってこない問題を早期に把握して企業不祥事の芽を摘むとともに、不祥事の早期発見による迅速な対応を行うことが重要です。このような対応により、企業不祥事の影響を最小限にコントロールすることが可能となります。そのための取組として「内部通報制度」は有効な手段と考えられます。この内部通報制度の有効活用を図るためには、通報者を保護しなければなりません。

「公益通報者保護法」では、事業者が、公益通報をしたことを理由として労働者などを解雇した場合、その解雇は無効とされます。また、解雇以外の不利益な取扱い（降格、減給、退職金の不支給等）も禁止されます。また、事業者は、公益通報によって損害を受けたとして、公益通報者に対して損害賠償を請求することはできません。

なお、令和４（2022）年６月１日に施行された改正公益通報者保護法のポイントは、ｉ）事業者内の「通報窓口の設置」・通報者の「不利益な取扱いの禁止」など事業者の体制整備の義務化、ⅱ）事業者の内部通報担当者に守秘を義務付け、違反した場合、30万円以下の罰金（刑事罰）を課すこと、ⅲ）「公益通報者」として保護される範囲の拡大、ⅳ）保護される「通報対象事実」の範囲の拡大、などです。

Column

危機防止の「7つの行動指針」

従業員の危機意識を高め、危機を防止する上で肝要なことは、①抽象的、観念的なメッセージは効果が薄いこと、②簡潔で新入生にもすぐ分かること、③具体的な行動指針として伝えられるメッセージにすることです。以下に指針の例を挙げます。

【指針】

(1) いつも「だれかが見ている」「だれかに見られている」という気持ちで仕事をする

—この意識があれば、不正行為、手抜き、怠慢は防止できる

(2) いつも「ちょっと変だな…？」「本当に大丈夫かな…？」という意識を持って仕事をする

—この意識さえあれば、“危機の芽”を初期発見させ、予防できる

(3) その行為が一生を棒に振るに値するか、を考えよう

—1年のほんの数分間、10年のほんの数分間の行動が危ない

(4) 大事な自分の家族がどうなるか、を自問する

—この意識があれば、「悪魔のささやき」に誘惑されずにすむ

(5)「おかしいと思ったこと」は「おかしい」と上司に問おう

—上下、職場のコミュニケーションの悪さが、リスクを招く

(6) 不正、違法行為は、いつか必ず発覚すると知る

—「告発」という「刺客」が目を光らせていることを忘れない

(7) それをマスコミが知っても問題にならないか、考える

—マスコミが「おかしい」と判断すると疑惑の報道、批判報道になる

（田中正博『実践自治体の危機管理〔改訂新版〕』（時事通信社、2009年）pp.31-33より）

4. 不正・不祥事発生時の対応策

不正・不祥事が発覚した場合、企業はこれを隠ぺいすることなく、事態を把握し、情報を適切に開示し、謝罪の意を表明し、同時に再発防止策を講じる必要があります。その対処いかんで、会社の存続が危うくなるケースや、逆に真摯な対応を行ったことが、会社の評価を高める場合もあります。

ここでは、有名な好事例であるジョンソン・エンド・ジョンソンの「タイレノール事件」を参考に挙げておきます。

Column

タイレノール事件

1982 年に、全米を震撼させる家庭用鎮痛剤「タイレノール」(Tylenol) への毒物（シアン化合物）混入事件が発生、シカゴ地域で消費者 7 名の死者を出しました。この事件により、ジョンソン・エンド・ジョンソン社と「タイレノール」を扱うグループ企業が重大な危機に直面しました。

この事件に対し、ジョンソン・エンド・ジョンソンは、毒物混入の疑いがあるとされた時点で、迅速に消費者に対し、テレビ放映、専用フリーダイヤルの設置、新聞の一面広告などの手段で回収と注意を呼びかけ、全商品を回収しました。また、事件発生後、異物混入を防ぐための革新的なパッケージである「3 層密封構造」を開発し発売するなどの対応を行いました。

ジョンソン・エンド・ジョンソンには「消費者の命を守る」ことを謳った「我が信条（Our Credo)」という経営哲学があり、社内に徹底されていました。緊急時のマニュアルが存在しなかったにもかかわらず、迅速な対応ができたのはこのためであるとされます。

事件終結後、同社の「タイレノール」事件における対応は、一般消費者をはじめ政府・産業界からも高く評価されました。そして、予想をはるかに超える速さで市場での信頼や業績を回復しました（事件後 2 か月には事件前の売上の 80% まで回復)。

（赤堀勝彦（2017）p.207、Wikipedia[60] を参考に記述）

5. 再発防止策について

再発防止策は、その発生原因の徹底的な究明を行うことから始まります。そして、発生防止の仕組みや内部統制の問題点が明確になればそれを改める必要があります。しかしながら、問題点を改善したにもかかわらず、同じ企業で、同様の不祥事が繰り返されるケースがみられることがあります。

不祥事発生の原因については既に述べたように、①経営トップの関与、②特定分野・聖域、③企業風土・文化、④事故・トラブル、⑤適法・社会的にも許されるとした行為が、その後不祥事化するケース、がありました。

これらは、ほとんどが業界や企業組織の根本的な問題であり、表面的な対応策のみでは、繰り返し不祥事が発生する原因を除去することができないと考えられます。企業不祥事が発生した時に、記者会見などで繰り返し語られるのが、「企業風土」の問題であることに鑑みると、これを変革することがいかに困難であるかがよく分かります。

また、経営トップが宗教団体におけるいわゆる教祖的な存在になり、トップの言動が絶対的なものであるという企業も多く存在するところです。このような組織では、経営に対するけん制機能が全く働かず、不正行為自体をも正当化される傾向にあります。

再発防止については、経営トップを中心に、役員が悪しき企業風土を改革することについて真摯に取り組むと同時に、役員と従業員全員のコンプライアンス意識を醸成することが大切です。また、不祥事が発生していない企業においても、いつ発生してもおかしくないという意識を持ち、企業風土・文化に問題がないかどうかを見直しておく必要があります。

---

60 Wikipedia（https://www.wikiwand.com/ja/articles/%E3%82%BF%E3%82%A4%E3%83%AC%E3%83%8E%E3%83%BC%E3%83%AB%E4%BA%8B%E4%BB%B6）

Column

破綻した金融機関の経営体質

拙著『事例からみた地域金融機関の信用リスク管理』では、金融機関破綻の原因として「経営トップの専横と経営規律の欠如」を取り上げています。

基本的には、金融機関の破綻は不良債権の増加により債務超過状態に陥ることですが、分析結果では、そこに至るまでの過程で経営トップの専横が不正・不祥事を発生させ、これが信用リスク管理を杜撰にさせたことが破綻の直接的な原因になると結論付けています。以下に、同書の一部を掲げておきます[61]。

バブル崩壊後の1995年から2002年に破綻した６金融機関の事例分析によると、取り上げたいずれの金融機関においても、経営トップの専横に伴う経営規律の欠如が見られた。

F信用金庫においては、大蔵省からの天下りのトップが約20年間も君臨した。S信用金庫におけるトップのワンマン体制は、部下の意見や提言を受け入れないものであった。N信用金庫のトップは金庫の経営権を掌握し、これを牽制する役員が存在しなかったといわれている。また、H銀行、N銀行、U信用組合のいずれもが、経営トップの専横を許していた。

このように、破綻したいずれの金融機関も体質的にガバナンスの欠如が見られ、これは同時に経営規律を欠如させ、リスク管理における牽制機能を喪失させた。

牽制機能がリスク管理面に働かなくなると、融資施策面においては経営トップと取引先との癒着を生じさせることがあり、この癒着先に対する野放図な融資政策に表れる。

地域金融機関は地域密着を信条とするが、このような業態の特徴は必然的に地域企業との関係を親密にする。しかしながら、この顧客密着と癒着とは紙一重のものである。この見極めができる金融機関とそうでないものとの差は、金融機関経営に大きな差異を生じさせる。地域企業との関係が癒着となり、これ

61 石川清英『事例からみた地域金融機関の信用リスク管理－営業現場における健全な融資判断－〔改訂版〕』（きんざい、2022年）pp.65-66

が不良債権化するプロセスは以下のようなものであった。

すなわち、地元有力企業に対する積極的な融資が行われ、その後、取引先との密着、癒着が始まり、役員との密接な関係が形成される。すると、融資金はますます大口化していくが、一旦融資シェアを増加させこれが大口化すると、融資先の業況が悪化しても、これを他行にシフトすることが困難となる。したがって、追加融資を行い融資先の延命を図ることになるが、これがさらに不良債権を増大させることになる。

N信用金庫においては、理事長と取引先との癒着は目に余るものであったが、これを牽制できず、バブル期に同金庫を暴走させ、結果として同金庫は破綻状態に陥ったといえる。

《関係法令（抜粋）》

◉会社法

（「第５章内部統制とリスクマネジメント」掲載の条文参照）

◉金融商品取引法

（「第５章内部統制とリスクマネジメント」掲載の条文参照）

◉公益通報者保護法

（目的）

第１条　この法律は、公益通報をしたことを理由とする公益通報者の解雇の無効及び不利益な取扱いの禁止等並びに公益通報に関し事業者及び行政機関がとるべき措置等を定めることにより、公益通報者の保護を図るとともに、国民の生命、身体、財産その他の利益の保護に関わる法令の規定の遵守を図り、もって国民生活の安定及び社会経済の健全な発展に資することを目的とする。

（不利益取扱いの禁止）

第５条　第３条に規定するもののほか、第２条第１項第１号に定める事業者は、その使用し、又は使用していた公益通報者が第３条各号に定める公益通報をしたことを理由として、当該公益通報者に対して、降格、減給、退職金の不支給その他不利益な取扱いをしてはならない。

◉不正競争防止法

（目的）

第１条　この法律は、事業者間の公正な競争及びこれに関する国際約束の的確な実施を確保するため、不正競争の防止及び不正競争に係る損害賠償に関する措置等を講じ、もって国民経済の健全な発展に寄与することを目的とする。

（信用回復の措置）

第14条　故意又は過失により不正競争を行って他人の営業上の信用を害した者に対しては、裁判所は、その営業上の信用を害された者の請求により、損害の賠償に代え、又は損害の賠償とともに、その者の営業上の信用を回復するのに必要な措置を命ずることができる。

第13章 メンタルヘルス・リスク

1. メンタルヘルスとは

メンタルヘルスとは、文字どおり精神的な健康で、心の健康のことです。具体的なメンタルヘルス失調例としては、うつ病、心身症、神経症、睡眠障害、摂食障害等が挙げられます。

近年、労働者の受けるストレスは拡大する傾向にあり、仕事に関して強い不安やストレスを感じている労働者が半数を超える状況にあるとされます。このような中で、心の健康問題が労働者、その家族、事業場及び社会に与える影響は、今日、ますます大きくなっています。事業場において、より積極的に心の健康の保持増進を図ることは、労働者とその家族の幸せを確保するとともに、我が国社会の健全な発展という観点からも、非常に重要な課題となっています[62]。

メンタルヘルス不調者の増加が企業経営に及ぼす影響は大きく、これらに対する対応は企業にとって必須のものとなっています。

2. メンタルヘルス・リスクとは

企業におけるメンタルヘルスの問題は、従来福利厚生的な従業員の健康問題として扱われてきましたが、これは任意の活動ではなく、法で定められたものでもあります。さらに、これに伴う、生産性の低下や費用の増加のみならず、「訴訟リスク」や「風評リスク」など重大な経営リスクに発展することを踏まえ、リスクマネジメントの一環として対応する必要があります。

62 厚生労働省「労働者の心の健康の保持増進のための指針」(2006 年 3 月 31 日健康保持増進のための指針公示第 3 号、改正 2015 年 11 月 30 日同公示第 6 号) p.1 より (https://www.mhlw.go.jp/hourei/doc/kouji/K151130K0020.pdf)

従業員がメンタルヘルスに失調をきたすと、モチベーションの低下や長期欠勤に至り、労働効率の低下による組織全体の生産性の低下につながります。また、これらに伴う医療費や手当金の負担、欠員補充に係る人件費の増加など費用負担が増大します。

さらに、近年では、企業が労働者の健康や安全に対する義務を果たしていなかったとして、労働契約上の安全配慮義務違反等として民事訴訟で賠償を求める事例が多数見られます。そして、これらが公表されることに伴い風評リスクに発展し、企業イメージを損ね社会的信用を失うことになります。

3. 職場のメンタルヘルスと労働安全衛生法

労働安全衛生法（平成26（2014）年6月改正）では、職場のメンタルヘルスについての事業者に対する義務付けが行われています（66条の10）。これは、「心理的な負担の程度を把握するための検査等」として、医師、保健師等によるストレスチェックを行うことと、その結果による措置を定めたものです。

すなわち、ストレスチェックを実施した場合には、事業者は、検査結果を通知された労働者の希望に応じて医師による面接指導を実施しなければならない（66条の10第3項）。その結果、医師の意見を聴いた上で、必要な場合には、就業場所の変更、作業の転換、労働時間の短縮、深夜業の回数の減少等の措置を講じなければならない（66条の10第6項）としています

【労働安全衛生法におけるメンタルヘルス対応のポイント】

①ストレスに関連する労働者の症状・不調を医師が確認
②必要と診断された労働者は産業医と面接（この場合ストレスに関連する症状や不調の状況、面接を要するかは、事業者に知らせない）
③医師は面接の結果労働者の同意を得て、事業者に意見を述べる。
④事業者は産業医の意見を勘案し、時間外労働の制限、作業転換など適切な措置を講じる。

4. メンタルヘルスと企業の賠償責任

(1) 企業の安全配慮義務と関連法

労働契約法における安全配慮義務(5条)では、「使用者は、労働契約に伴い、労働者がその生命、身体等の安全を確保しつつ労働することができるよう、必要な配慮をするものとする。」としています。近年この安全配慮義務違反として、民事訴訟で企業に損害賠償を求める裁判が発生しています。

また、既に述べた「労働安全衛生法」や「男女雇用機会均等法」、「育児・介護休業法」等に対する対応も重要です。

なお、企業にとってリスク要因となるのは、メンタル不全となった要因が業務上によるものである場合です。要因が業務外の場合は、従業員の休業に伴い傷病手当金の支給を行うことや、休職、復職、労働契約法16条[63]に抵触しない解雇、自然退職といった対応となります。

一方、業務上の精神疾患の場合には、前述した安全配慮義務違反に伴う損害賠償請求(労働契約法5条、民法415条[64])、労働者災害補償保険法[65]による労災給付、解雇制限(労働基準法19条1項[66])、不法行為(民法715条[67]、会社法350条[68])、取締役の責任(会社法429条[69]、同847条[70])など、法的責任を問われるリスクにさらされることになります。

---

63 同法16条では、「解雇は、客観的に合理的な理由を欠き、社会通念上相当であると認められない場合は、その権利を濫用したものとして、無効とする。」としている。

64 債務不履行による損害賠償を規定する条文

65 「労災保険法」ともいう。労働に起因する傷病を補償する労災保険について定めた法律

66 解雇制限を規定する条文

67 使用者等の責任を規定する条文

68 会社法350条(代表者の行為についての損害賠償責任) 株式会社は、代表取締役その他の代表者がその職務を行うについて第三者に加えた損害を賠償する責任を負う。

69 会社法429条(役員等の第三者に対する損害賠償責任) 1 役員等がその職務を行うについて悪意又は重大な過失があったときは、当該役員等は、これによって第三者に生じた損害を賠償する責任を負う。

70 株式会社における責任追及等の訴え、いわゆる株主代表訴訟を規定する条文

（２）判例に見る損害賠償リスク

以下では、うつ病等による過労自殺に係る損害賠償請求事件として、企業側の安全配慮義務等の責任を認めた裁判例に基づき、その対応策を検討します。

【企業側の安全配慮義務等の責任を認めた裁判例】

《事例１》

◉電通事件（最判平成12年３月24日民集54巻３号1156頁・労判779号13頁）

本件は、入社２年目の社員が過重労働による精神疾患から自殺したことにつき、使用者に安全配慮義務違反があったとして、遺族による損害賠償請求を認めた判例です。本判決は、いわゆる「過労自殺」について、最高裁が、初めて使用者の責任を明らかにし、損害賠償責任を認めたケースであり、過重労働による安全配慮義務違反に係るリーディングケースです。

〔事案の概要〕

(1) Ａは1990年４月に広告代理店Ｙに新卒採用され、ラジオ局ラジオ推進部に配属され勤務していたところ、入社後約４か月経過した頃から深夜に帰宅することが多くなり、更に社内で徹夜して帰宅しない日もあるようになり、入社１年５か月後の1991年８月２７日自宅において自殺した。Ａが従事した業務の内容は、主に、関係者との連絡、打合せ等と、企画書や資料等の起案、作成とから成っていたが、所定労働時間内は連絡、打合せ等の業務で占められ、所定労働時間の経過後にしか起案等を開始することができず、そのために長時間にわたる残業を行うことが常況となっていた。

(2) Ａの両親であるＸは、ＡがＹから長時間労働を強いられたためにうつ病に陥り、その結果自殺に追い込まれたとして、Ｙに対し、安全配慮義務違反又は不法行為による損害賠償を請求した。

(3) 一審（東京地判平成８年３月28日労判692号13頁）では、Ｙに約１億2,600万円の賠償金の支払が命じられ、これを不服としたＹは控訴し、二審（東京高判平成９年９月26日労判724号13頁）では、うつ病罹患及び自殺については、Ａの性格など心因的要因も関係しており、Ａと同居しながらＡの自殺を防止するための具体的措置をとらなかったＸらにも落ち度があったとして、過失相殺として3割の賠償額を減額され、約8,900万円の支払いが命じられた。Yは上告したが、原審の過失相殺の判断部分については違法としてXらの敗訴部分（減額）が取り消され、その部分につき原審に差し戻された。

その後の差戻審（東京高裁における審理）において、最終的には、Yが約1億6,800万円を支払うとの内容で和解が成立した。

〔判示の骨子〕

同判例では、長時間労働による健康への影響について、「労働者が労働日に長時間にわたり業務に従事する状況が継続するなどして、疲労や心理的負荷等が過度に蓄積すると、労働者の心身の健康を損なう危険のあることは、周知のところである。労働基準法は、労働時間に関する制限を定め、労働安全衛生法65条の3は、作業の内容等を特に限定することなく、同法所定の事業者は労働者の健康に配慮して労働者の従事する作業を適切に管理するように努めるべき旨を定めているが、それは、右のような危険が発生するのを防止することをも目的とするものと解される。」と述べて、長時間労働による健康被害の危険を認定した。

また、使用者及び管理監督者の義務として、「使用者は、その雇用する労働者に従事させる業務を定めてこれを管理するに際し、業務の遂行に伴う疲労や心理的負荷等が過度に蓄積して労働者の心身の健康を損なうことがないよう注意する義務を負うと解するのが相当であり、使用者に代わって労働者に対し業務上の指揮監督を行う権限を有する者は、使用者の右注意義務の内容に従って、その権限を行使すべきである。」と述べて、業務指揮管理監督権限に伴う安全配慮義務を明らかにした。

さらに、「Aの業務の遂行とそのうつ病り患による自殺との間には相当因果関係があるとした上、Aの上司であるB及びCには、Aが恒常的に著しく長時間にわたり業務に従事していること及びその健康状態が悪化していることを認識しながら、その負担を軽減させるための措置を採らなかったことにつき過失がある」として、Yの民法715条に基づく損害賠償責任を認めたのである。

（厚生労働省ホームページ 「過重労働に関する具体的な裁判例の骨子と基本的な方向性」（https://www.check-roudou.mhlw.go.jp/hanrei/kajuroudou/kajuroudou.html）、

赤堀勝彦（2017）pp.233-234 を参考に記述）

以上をまとめますと、まず使用者には、職場の労働者の生命及び身体等の安全を保護するよう配慮すべき安全配慮義務があり（労働契約法５条）、この義務には、業務の遂行に伴う疲労や心理的負荷等が過度に蓄積して労働者の心身の健康を損なうことがないよう注意する義務（健康配慮義務）が含まれます。

使用者がこの義務に違反し、労働者が精神疾患・自殺に至ったような場合には、民法715条に基づく損害賠償義務を負うことになります。なお、民法715条は使用者責任を規定する条文です。

電通事件では、最終的に過失相殺が認められませんでしたが、それを認めた事例を挙げておきます。

《事例２》

◉川崎製鉄（水島製鉄所）事件（岡山地倉敷支判平成10年２月23日労判733号13頁）

〔事案の概要〕

製鉄会社の掛長Ａが残業、休日出勤など常軌を逸した長時間労働によってうつ病に陥り、そのため自殺したとしてその遺族Ｘが、会社を相手として安全配慮義務違反で損害賠償を請求した事例である。

判決では、長時間労働とうつ病の間、及びうつ病と自殺による死亡との間にいずれも相当因果関係があるとされた。また、被告の安全配慮義務違反につき、被告にはＡの常軌を逸した長時間労働及び同人の健康状態の悪化を知りながら、その労働時間を軽減させるための具体的な措置をとらなかったこと、被告に労働者の残業時間を把握するための体制がなく、これを改善するための方策をとっていなかったこと等をもってその債務不履行を認めた。

なお、安全配慮義務違反による損害額の算定につき、Ａにもうつ病罹患につき一端の責任があるともいえること、原告ＸにはＡのうつ病罹患及び自殺について予見可能性があったものと認められるなど被害者側の事情も寄与しているというべきであるとして、民法722条２項[71]の過失相殺の規定を類推適用して、発生した損害の５割を被告に負担させるのが相当であるとして、過失相殺により損害額の5割が被告会社の負担とされた。
（赤堀勝彦（2017）p.235を参考に記述）

以上、過重労働に関する使用者の安全配慮義務違反に伴う損害賠償事件を2例取り上げました。その他の例として、上司のいじめを原因とする心因反応により自殺に至り、市の安全配慮義務違反が認められた事件（川崎市水道局事件、東京高判平成15年3月25日労判849号87頁）、入社半年後に関連会社に転籍された労働者が転籍後2年後にうつ病による自殺に至った事件（オタフクソース事件、広島地判平成12年5月18日判タ1035号285頁）などがあります。オタフクソース事件では、うつ病発症は業務による慢性的疲労と職場の人員配置の変更に伴う精神的・身体的負荷の増大によるものとしてその業務起因性が肯定されるとともに、うつ病発症と自殺との間に相当因果関係があるとされました。いずれも損害賠償請求を認める判決となっています。

なお、その後も安全配慮義務等の責任を認めた裁判が多数発生しています。電通事件を事例1に掲げましたが、電通では2015年に新入女性社員が社員寮から飛び降りて自殺（過労自殺）するという事件が発生しています。2017年10月に電通が労働基準法に違反する長時間労働・サービス残業を自殺した女性社員に強いていたとして有罪判決が言い渡されていますが、この事件が原因で当時の社長は辞任に追い込まれました。

（3）裁判例から見た企業のメンタルヘルス対策

以上、裁判例からメンタルヘルス・リスクを見てきましたが、長時間労働による過労だけでなく、いじめなど職場の人間関係のストレスまで精神疾患との因果関係又は業務起因性を認めるものです。したがって、企業はストレス要因を除去することはもちろん、うつ病などに罹患した労働者に対する対応も重要になります。

71　民法722条2項　被害者に過失があったときは、裁判所は、これを考慮して、損害賠償の額を定めることができる。

また、事例で見てきたように、企業等は、従業員がメンタルヘルス不調となることについて「予見可能性がある場合」、メンタルヘルス不調になるという結果を回避すべき措置をとるという「結果回避義務を怠った場合」、安全配慮義務違反と従業員のメンタルヘルス不調による自殺等との間に「因果関係がある場合」、に従業員のメンタルヘルス不調について責任を負うと考えられます。したがって、リスクマネジメントの一環として、このような観点からメンタルヘルス対策を検討する必要があります。

なお、本章２.で既に述べたように、企業にとって、メンタルヘルス・リスクの発生は、損害賠償責任に伴う会計的損失のみでなく、風評リスクに伴う社会的信用の失墜にもつながり、企業イメージを損ねることになります。これらは、従業員のモチベーションの低下を招き、企業経営に大きく影響を与えることになることから、その対策は非常に重要なものになります。

５. 職場におけるメンタルヘルスリスク・マネジメント体制

労働安全衛生法に基づく指針「労働者の心の健康の保持増進のための指針」[72]では、メンタルヘルスケアが適切かつ有効に実施されるよう、メンタルヘルスケアの原則的な実施方法について定めています。以下では同指針に基づき、メンタルヘルスリスク・マネジメント体制作りについて述べます。

（1）メンタルヘルスの基本的考え方

職場に存在するストレス要因は、労働者自身の力だけでは取り除くことができないものもあることから、労働者の心の健康づくりを推進していくためには、職場環境の改善も含め、事業者によるメンタルヘルスケアの積極的推進が重要であり、労働場における組織的かつ計画的な対策の実施は、大きな役割を果たします。

---

72 前出（注 62）改正 2015 年 11 月 30 日健康保持増進のための指針公示第 6 号（厚生労働省）

このため、事業者は、次のような対策を講じる必要があります。

【メンタルヘルスの基本的対策】

①ストレスチェック制度を含めた事業場におけるメンタルヘルスケアを積極的に推進することを表明する。
②「衛生委員会」等において十分調査審議を行い、メンタルヘルスケアに関する事業場の現状とその問題点を明確にする。
③問題点を解決する具体的な実施事項等についての基本的な計画である「心の健康づくり計画」を策定・実施するとともに、ストレスチェック制度の実施方法等に関する規程を策定し、制度の円滑な実施を図る。
④ストレスチェック制度の活用や職場環境等の改善を通じて、メンタルヘルス不調を未然に防止する「一次予防」、メンタルヘルス不調を早期に発見し、適切な措置を行う「二次予防」及びメンタルヘルス不調となった労働者の職場復帰支援等を行う「三次予防」が円滑に行われるようにする。
⑤これらの取組においては、教育研修、情報提供及び「セルフケア」、「ラインによるケア」、「事業場内産業保健スタッフ等によるケア」並びに「事業場外資源によるケア」の４つのメンタルヘルスケアが継続的かつ計画的に行われるようにする。
⑥心の健康問題の特性、労働者の個人情報の保護への配慮、人事労務管理との関係、家庭・個人生活等の職場以外の問題に留意する。

概要は以上ですが、次に個別の項目について説明を加えておきます。

（２）衛生委員会等における調査審議

メンタルヘルスケアの推進にあたっては、事業者が労働者等の意見を聴きつつ事業場の実態に即した取組を行うことが必要であることから、労使、産業医、衛生管理者等で構成される衛生委員会等を活用することが効果的です。そして、ストレスチェック制度に関する調査審議とメンタルヘルスケアに関する調査審議を関連付けて行うことが望ましいとしています。

また、衛生委員会等の設置義務のない小規模事業場（労働者数50人未満の事業場）においても、次に掲げる心の健康づくり計画及びストレスチェック制度の実施に関する規程の策定、並びにこれらの実施にあたっては、労働者の意見が反映されるようにすることが必要です。

（３）心の健康づくり計画の策定

メンタルヘルスケアは、中長期的視点に立って、継続的かつ計画的に行われるようにすることが重要であり、また、その推進にあたっては、事業者が労働者の意見を聴きつつ事業場の実態に則した取組を行うことが必要です。

心の健康づくり計画で定めるべき事項は次に掲げるとおりです。

【心の健康づくり計画で定めるべき事項】

①事業者がメンタルヘルスケアを積極的に推進する旨の表明に関すること。
②事業場における心の健康づくりの体制の整備に関すること。
③事業場における問題点の把握及びメンタルヘルスケアの実施に関すること。
④メンタルヘルスケアを行うために必要な人材の確保及び事業場外資源の活用に関すること。
⑤労働者の健康情報の保護に関すること。
⑥心の健康づくり計画の実施状況の評価及び計画の見直しに関すること。
⑦その他労働者の心の健康づくりに必要な措置に関すること。

なお、ストレスチェック制度は、各事業場の実情に即して実施されるメンタルヘルスケアに関する一次予防から三次予防までの総合的な取組の中に位置付けることが重要であることから、心の健康づくり計画において、その位置付けを明確にすることが望ましいとされます。

（4）メンタルヘルスの四つのケア

メンタルヘルスケアには、四つの主要なケアを講ずる必要があります。

【メンタルヘルスの四つのケア】

主要なケア	説　明
セルフケア	労働者自身がストレスや心の健康について理解し、自らのストレスを予防・軽減する、あるいはこれに対処する。
ラインによるケア	労働者と日常的に接する管理監督者が、心の健康に関して職場環境等の改善や労働者に対する相談対応を行う。
事業場内産業保健スタッフ等によるケア	事業場内の産業医等事業場内産業保健スタッフ等が、事業場の心の健康づくり対策の提言を行うとともに、その推進を担い、また、労働者及び管理監督者を支援する。
事業場外資源によるケア	事業場外の機関及び専門家を活用し、その支援を受ける。

これらの四つのケアが継続的かつ計画的に行われることが重要です。

なお、常時使用する労働者が50人未満の小規模事業場では、メンタルヘルスケアを推進するにあたって、必要な事業場内産業保健スタッフが確保できない場合が多いと考えられます。このような事業場では、事業者は、衛生推進者又は安全衛生推進者を事業場内メンタルヘルス推進担当者として選任するとともに、地域産業保健センター等の事業場外資源の提供する支援等を積極的に活用し取り組むことが望ましいとされます。また、メンタルヘルスケアの実施にあたっては、事業者はメンタルヘルスケアを積極的に実施することを表明し、セルフケア、ラインによるケアを中心として、実施可能なところから着実に取組を進めることが望ましいとされます。

（5）メンタルヘルスケアの具体的進め方

メンタルヘルスケアは、四つのケアを継続的かつ計画的に実施することが基本ですが、具体的な推進にあたっては、事業場内の関係者が相互に連携し、以下の取組を積極的に推進することが効果的であるとしています。

① メンタルヘルスケアを推進するための教育研修

労働者、管理監督者、事業場内産業保健スタッフ等それぞれに対する教育研修・情報提供を行うこと。

② 職場環境等の把握と改善

職場環境等の評価と問題点の把握、職場環境等の改善を実施すること。

③ メンタルヘルス不調への気付きと対応

メンタルヘルス不調に陥る労働者の早期発見と適切な対応を図るため、労働者、管理監督者、家族等からの相談に対して適切に対応できる体制の整備、労働者に対して必要な配慮を行うこと、必要に応じて産業医や事業場外の医療機関につないでいくことができるネットワークを整備するよう努めること。

④ 職場復帰における支援

メンタルヘルス不調により休業した労働者が円滑に職場復帰し、就業を継続できる支援を行うこと。

（６）メンタルヘルスに関する個人情報の保護への配慮

メンタルヘルスケアを進めるにあたっては、健康情報を含む労働者の個人情報の保護に配慮することが極めて重要です。メンタルヘルスに関する労働者の個人情報は、健康情報を含むものであり、その取得、保管、利用等において特に適切に保護しなければなりませんが、その一方で、メンタルヘルス不調の労働者への対応にあたっては、労働者の上司や同僚の理解と協力のため、当該情報を適切に活用することが必要となる場合もあります。

健康情報を含む労働者の個人情報の保護に関しては、「個人情報の保護に関する法律」及び関連する指針等が定められており、個人情報を事業の用に供する個人情報取扱事業者に対して、個人情報の利用目的の公表や通知、目的外の取扱いの制限、安全管理措置、第三者提供の制限などを義務付けています（第10章参照）。

また、個人情報取扱事業者以外の事業者であって健康情報を取り扱う者は、健康情報が特に適正な取扱いの厳格な実施を確保すべきものであることに十分留意し、その適正な取扱いの確保に努めることとされています。

さらに、ストレスチェック制度における健康情報の取扱いについては、「ストレスチェック指針」[73]において、事業者は労働者の健康情報を適切に保護することが求められています。事業者は、これらの法令等を遵守し、労働者の健康情報の適正な取扱いを図らなければなりません。

（7）心の健康に関する情報を理由とした不利益な取扱いの防止

事業者が、メンタルヘルスケア等を通じて労働者の心の健康に関する情報を把握した場合、その情報は当該労働者の健康確保に必要な範囲で利用されるべきものです。労働者の心の健康に関する情報を理由として、①解雇すること、②期間を定めて雇用される者について契約の更新をしないこと、③退職勧奨を行うこと、④不当な動機・目的をもってなされたと判断されるような配置転換又は職位（役職）の変更を命じること、⑤その他の労働契約法等の労働関係法令に違反する措置を講じること、のような不利益な取扱いを行ってはなりません。

73　厚生労働省「心理的な負担の程度を把握するための検査及び面接指導の実施並びに面接指導結果に基づき事業者が講ずべき措置に関する指針」2015年4月15日心理的な負担の程度を把握するための検査等指針公示第1号、改正2018年8月22日同公示第3号（https://www.mhlw.go.jp/hourei/doc/kouji/K180827K0010.pdf）

《関係法令（抜粋）》

◉労働安全衛生法

（目的）

第１条　この法律は、労働基準法（昭和22年法律第49号）と相まって、労働災害の防止のための危害防止基準の確立、責任体制の明確化及び自主的活動の促進の措置を講ずる等その防止に関する総合的計画的な対策を推進することにより職場における労働者の安全と健康を確保するとともに、快適な職場環境の形成を促進することを目的とする。

（事業者等の責務）

第３条　事業者は、単にこの法律で定める労働災害の防止のための最低基準を守るだけでなく、快適な職場環境の実現と労働条件の改善を通じて職場における労働者の安全と健康を確保するようにしなければならない。また、事業者は、国が実施する労働災害の防止に関する施策に協力するようにしなければならない。

（健康診断）

第66条　事業者は、労働者に対し、厚生労働省令で定めるところにより、医師による健康診断（第66条の10第１項に規定する検査を除く。以下この条及び次条において同じ。）を行わなければならない。

（心理的な負担の程度を把握するための検査等）

第66条の10　事業者は、労働者に対し、厚生労働省令で定めるところにより、医師、保健師その他の厚生労働省令で定める者（以下この条において「医師等」という。）による心理的な負担の程度を把握するための検査を行わなければならない。

２　事業者は、前項の規定により行う検査を受けた労働者に対し、厚生労働省令で定めるところにより、当該検査を行った医師等から当該検査の結果が通知されるようにしなければならない。この場合において、当該医師等は、あらかじめ当該検査を受けた労働者の同意を得ないで、当該労働者の検査の結果を事業者に提供してはならない。

３　事業者は、前項の規定による通知を受けた労働者であって、心理的な負担の程度が労働者の健康の保持を考慮して厚生労働省令で定める要件に該当するものが医師による面接指導を受けることを希望する旨を申し出たときは、当該申出をした労働者に対し、厚生労働省令で定めるところにより、医師による面接指導を行わなければならない。この場合において、事業者は、労働者が当該申出をしたことを理由として、当該労働者に対し、不利益な取扱いをしてはならない。

４　事業者は、厚生労働省令で定めるところにより、前項の規定による面接指導の結果を記録しておかなければならない。

5　事業者は、第3項の規定による面接指導の結果に基づき、当該労働者の健康を保持するために必要な措置について、厚生労働省令で定めるところにより、医師の意見を聴かなければならない。
6　事業者は、前項の規定による医師の意見を勘案し、その必要があると認めるときは、当該労働者の実情を考慮して、就業場所の変更、作業の転換、労働時間の短縮、深夜業の回数の減少等の措置を講ずるほか、当該医師の意見の衛生委員会若しくは安全衛生委員会又は労働時間等設定改善委員会への報告その他の適切な措置を講じなければならない。
7　厚生労働大臣は、前項の規定により事業者が講ずべき措置の適切かつ有効な実施を図るため必要な指針を公表するものとする。
8　厚生労働大臣は、前項の指針を公表した場合において必要があると認めるときは、事業者又はその団体に対し、当該指針に関し必要な指導等を行うことができる。
9　国は、心理的な負担の程度が労働者の健康の保持に及ぼす影響に関する医師等に対する研修を実施するよう努めるとともに、第2項の規定により通知された検査の結果を利用する労働者に対する健康相談の実施その他の当該労働者の健康の保持増進を図ることを促進するための措置を講ずるよう努めるものとする。

（健康教育等）

第69条　事業者は、労働者に対する健康教育及び健康相談その他労働者の健康の保持増進を図るため必要な措置を継続的かつ計画的に講ずるように努めなければならない。

（健康の保持増進のための指針の公表等）

第70条の2　厚生労働大臣は、第69条第1項の事業者が講ずべき健康の保持増進のための措置に関して、その適切かつ有効な実施を図るため必要な指針を公表するものとする。
2　厚生労働大臣は、前項の指針に従い、事業者又はその団体に対し、必要な指導等を行うことができる。

（事業者の講ずる措置）

第71条の2　事業者は、事業場における安全衛生の水準の向上を図るため、次の措置を継続的かつ計画的に講ずることにより、快適な職場環境を形成するように努めなければならない。

一　作業環境を快適な状態に維持管理するための措置
二　労働者の従事する作業について、その方法を改善するための措置
三　作業に従事することによる労働者の疲労を回復するための施設又は設備の設置又は整備
四　前三号に掲げるもののほか、快適な職場環境を形成するため必要な措置

◉労働基準法

（労働条件の原則）

第１条　労働条件は、労働者が人たるに値する生活を営むための必要を充たすべきものでなければならない。

２　この法律で定める労働条件の基準は最低のものであるから、労働関係の当事者は、この基準を理由として労働条件を低下させてはならないことはもとより、その向上を図るように努めなければならない。

（労働条件の決定）

第２条　労働条件は、労働者と使用者が、対等の立場において決定すべきものである。

２　労働者及び使用者は、労働協約、就業規則及び労働契約を遵守し、誠実に各々その義務を履行しなければならない。

◉民法

（債務不履行による損害賠償）

第415条　債務者がその債務の本旨に従った履行をしないとき又は債務の履行が不能であるときは、債権者は、これによって生じた損害の賠償を請求することができる。ただし、その債務の不履行が契約その他の債務の発生原因及び取引上の社会通念に照らして債務者の責めに帰することができない事由によるものであるときは、この限りでない。

（不法行為による損害賠償）

第709条　故意又は過失によって他人の権利又は法律上保護される利益を侵害した者は、これによって生じた損害を賠償する責任を負う。

（財産以外の損害の賠償）

第710条　他人の身体、自由若しくは名誉を侵害した場合又は他人の財産権を侵害した場合のいずれであるかを問わず、前条の規定により損害賠償の責任を負う者は、財産以外の損害に対しても、その賠償をしなければならない。

（使用者等の責任）

第715条　ある事業のために他人を使用する者は、被用者がその事業の執行について第三者に加えた損害を賠償する責任を負う。ただし、使用者が被用者の選任及びその事業の監督について相当の注意をしたとき、又は相当の注意をしても損害が生ずべきであったときは、この限りでない。

２　使用者に代わって事業を監督する者も、前項の責任を負う。

３　前二項の規定は、使用者又は監督者から被用者に対する求償権の行使を妨げない。

◉労働契約法

（目的）

第１条　この法律は、労働者及び使用者の自主的な交渉の下で、労働契約が合意により成立し、又は変更されるという合意の原則その他労働契約に関する基本的事項を定めることにより、合理的な労働条件の決定又は変更が円滑に行われるようにすることを通じて、労働者の保護を図りつつ、個別の労働関係の安定に資することを目的とする。

（労働者の安全への配慮）

第５条　使用者は、労働契約に伴い、労働者がその生命、身体等の安全を確保しつつ労働することができるよう、必要な配慮をするものとする。

（解雇）

第16条　解雇は、客観的に合理的な理由を欠き、社会通念上相当であると認められない場合は、その権利を濫用したものとして、無効とする。

第14章 ハラスメントのリスク

1. ハラスメントが注目される背景

（1）ハラスメントの問題

近年、セクシャルハラスメント（sexual harassment）やパワーハラスメント（power harassment）など、職場におけるハラスメントが人事管理上の重大な問題になっています。

職場のパワーハラスメントやセクシュアルハラスメント等の様々なハラスメントは、働く人が能力を十分に発揮することの妨げになることはもちろん、個人としての尊厳や人格を不当に傷つける等の人権に関わる許されない行為です。

また、企業にとっても、職場秩序の乱れや業務への支障が生じ、貴重な人材の損失につながり、社会的評価にも悪影響を与えかねない大きな問題です。

2020 年に厚生労働省が実施した「職場のハラスメントに関する実態調査」によると、過去３年以内にパワーハラスメントを受けたことがあると回答した者は 31.4％でした。また、2022 年度の都道府県労働局における「パワーハラスメント」の相談件数が５万件を超える等、対策は喫緊の課題となっています[74]。

（2）ハラスメント対策に関する法の整備

このような、職場におけるハラスメント対策については、令和元（2019）年6 月 5 日に「女性の職業生活における活躍の推進に関する法律（女性活躍推進法）」等の一部を改正する法律の公布により、「労働施策総合推進法」[75]が改正され、職場におけるパワーハラスメント防止について、事業主に防止措置を講

74 厚生労働省都道府県労働局雇用環境・均等部（室）「職場における・パワーハラスメント対策・セクシュアルハラスメント対策・妊娠・出産・育児休業等に関するハラスメント対策は事業主の義務です」2023 年 11 月作成パンフレット No.15 より。

じることが義務付けられ、併せて、事業主に相談したこと等を理由とする不利益取扱いも禁止されています。

令和2（2020）年4月には、改正法の完全施行により、中小事業主を含む全ての事業主がパワーハラスメントの防止措置義務の対象となりました。

また、平成19（2007）年には「男女雇用機会均等法」[76]、「育児・介護休業法」[77]も改正され、職場におけるセクシュアルハラスメント防止措置を講じることが法的義務とされ、平成29（2017）年の改正では妊娠、出産、育児休業等に関するハラスメントの防止対策も強化され、妊娠・出産等に関するハラスメントであるマタニティハラスメント[78]（maternity harassment）対策が事業主の義務になりました。

（3）ハラスメントが減少しない理由

以上の対策が講じられているにもかかわらず、顧客や取引先からの暴力や悪質なクレーム等の著しい迷惑行為であるカスタマーハラスメント（customer harassment）や、就職活動中又はインターンシップ中の学生に対するセクハラ（就活等セクハラ）などが社会問題化している状況も見られます。これらに対する企業の対策が遅れているというのが現状です。

さらに、研究・教育の場における権力を利用した嫌がらせを意味する「アカデミックハラスメント（academic harassment）」や性別の違いを理由に特定の役割を担わせたり、差別扱いをしたりする「ジェンダーハラスメント（gender harassment）」、飲酒を強要するアルコールハラスメント（alcohol harassment）なども問題となっています。

これらのハラスメントが減らない理由には、加害者側と被害者側の意識の

---

75 「労働施策の総合的な推進並びに労働者の雇用の安定及び職業生活の充実等に関する法律」の略称で、昭和41（1966）年に制定された「雇用対策法」を改正し成立した。別名「パワハラ防止法」とも呼ばれる。

76 正式名称は「雇用の分野における男女の均等な機会及び待遇の確保等に関する法律」

77 正式名称は「育児休業、介護休業等育児又は家族介護を行う労働者の福祉に関する法律」

78 定義、事業主の義務等については「事業主が職場における妊娠、出産等に関する言動に起因する問題に関して雇用管理上講ずべき措置等についての指針」（平成28（2016）年厚生労働省告示第312号）〈令和2（2020）年6月1日適用〉参照

ギャップや両者間のコミュニケーション不足があります。特に、加害者側が従前の古い意識から抜け出せずにいることから、通常の指示命令や教育の一環として行っていると考えていることが、無意識のうちにハラスメントとなっている場合も多いと考えられます。さらに、日常的なコミュニケーション不足により、互いの真意が伝わらないこともその要因となっていると考えられます。

したがって、ハラスメントを防止するためには、互いの人格を尊重しあうとともに、地位的に上位にあるものは下位者に対して、優越的な意識や支配意識を持ちやすいことを自覚し、相手側が弱い立場にあることを常に意識することが重要です。

以下では、主なハラスメントである、パワーハラスメントとセクシャルハラスメントを取り上げ、「事業主が職場における優越的な関係を背景とした言動に起因する問題に関して雇用管理上講ずべき措置等についての指針」[79]、「事業主が職場における性的な言動に起因する問題に関して雇用管理上講ずべき措置等についての指針」[80]「職場におけるハラスメント関係指針」[81] 等に基づき、その対策について述べます。

2. パワーハラスメント

（1）職場におけるパワーハラスメントとは

職場におけるパワーハラスメントとは、職場[82] において行われる①優越的

79 令和２（2020）年１月15日厚生労働省告示第５号〈令和２年６月１日適用〉

80 平成18（2006）年10月11日厚生労働省告示第615号、改正令和２（2020）年１月15日厚生労働省告示第６号〈令和２年６月１日適用〉

81 厚生労働省「職場におけるハラスメント関係指針」（https://www.mhlw.go.jp/content/11900000/000595059.pdf）

82 「職場」とは事業主が雇用する労働者が業務を遂行する場所を指し、労働者が通常就業している場所以外の場所であっても、労働者が業務を遂行する場所であれば「職場」に含まれる。勤務時間外の「懇親の場」、社員寮や通勤中等であっても、実質上職務の延長と考えられるものは「職場」に該当するが、その判断にあたっては、職務との関連性、参加者、参加や対応が強制的か任意かといったことを考慮して個別に行う必要がある。
「職場」の例としては、出張先、業務で使用する車中、取引先との打ち合わせの場所（接待の席も含む）等が挙げられている。

な関係を背景とした言動であって、②業務上必要かつ相当な範囲を超えたものにより、③労働者[83]の就業環境が害されるものであり、①から③までの三つの要素を全て満たすものをいいます。

なお、客観的にみて、業務上必要かつ相当な範囲で行われる適正な業務指示や指導については、職場におけるパワーハラスメントには該当しません。

それぞれの事例は次のとおりです。

① **「優越的な関係を背景とした」言動**

・職務上の地位が上位の者による言動

・同僚又は部下による言動で、当該言動を行う者が業務上必要な知識や豊富な経験を有しており、当該者の協力を得なければ業務の円滑な遂行を行うことが困難であるもの

・同僚又は部下からの集団による行為で、これに抵抗又は拒絶することが困難であるもの

② **「業務上必要かつ相当な範囲を超えた」言動**

・業務上明らかに必要性のない言動

・業務の目的を大きく逸脱した言動

・業務を遂行するための手段として不適当な言動

・当該行為の回数、行為者の数等、その態様や手段が社会通念に照らして許容される範囲を超える言動

③ **「労働者の就業環境が害される」こと。**

当該言動により労働者が身体的又は精神的に苦痛を与えられ、労働者の就業環境が不快なものとなったため、能力の発揮に重大な悪影響が生じる等当該労働者が就業する上で看過できない程度の支障が生じることを指すとしています。

なお、職場のパワーハラスメントの類型として、（イ）身体的な攻撃（暴行・傷害)、（ロ）精神的な攻撃（脅迫・名誉棄損・侮辱・ひどい暴言)、（ハ）人間関

83 「労働者」とは正規雇用労働者のみならず、パートタイム労働者、契約社員等いわゆる非正規雇用労働者を含む、事業主が雇用する全ての労働者をいう。また、派遣労働者については、派遣元事業主のみならず、派遣先事業主も、自ら雇用する労働者と同様に、措置を講ずる必要がある。

係からの切り離し（隔離・仲間外し・無視）、（ニ）過大な要求（業務上明らかに不要なことや遂行不可能なことの強制・仕事の妨害）、（ホ）過小な要求（業務上の合理性なく能力や経験とかけ離れた程度の低い仕事を命じることや仕事を与えないこと）、（ヘ）個の侵害（私的なことに過度に立ち入ること）を挙げています。

（２）パワーハラスメント問題に対する事業主の責務

「労働施策総合推進法」30条の３第２項の規定では、事業主は、職場におけるパワーハラスメントを行ってはならないことや、パワーハラスメント問題に対する労働者の関心と理解を深めるとともに、他の労働者に対する言動に必要な注意を払うよう、研修の実施その他の必要な配慮をするほか、国の講ずる広報活動、啓発活動その他の措置に協力するように努めなければならないとしています。

また、事業主や法人の役員は、自らも、パワーハラスメント問題に対する関心と理解を深め、労働者に対する言動に必要な注意を払うように努めなければならないとしています。

（３）パワーハラスメント防止のため事業主が講ずべき措置の内容

事業主はパワーハラスメントを防止するため、雇用管理上次の措置を講じなければなりません。

① 事業主の方針等の明確化及びその周知・啓発

イ．職場におけるパワーハラスメントの内容及び職場におけるパワーハラスメントを行ってはならない旨の方針を明確化し、管理監督者を含む労働者に周知・啓発すること。

ロ．職場におけるパワーハラスメントに係る言動を行った者については、厳正に対処する旨の方針及び対処の内容を就業規則その他の職場における服務規律等を定めた文書に規定し、管理監督者を含む労働者に周知・啓発すること。

② 相談（苦情を含む。以下同じ）に応じ、適切に対応するために必要な体制の整備、職場におけるパワーハラスメントに係る事後の迅速かつ適切

な対応

イ．相談への対応のための窓口（以下「相談窓口」という）をあらかじめ定め、労働者に周知すること。

ロ．相談窓口の担当者が、相談に対し、その内容や状況に応じ適切に対応できるようにすること。

③　職場におけるパワーハラスメントに係る事後の迅速かつ適切な対応

イ．事案に係る事実関係を迅速かつ正確に確認すること。

ロ．職場におけるパワーハラスメントが生じた事実が確認できた場合においては、速やかに被害を受けた労働者（被害者）に対する配慮のための措置を適正に行うこと。

ハ．職場におけるパワーハラスメントが生じた事実が確認できた場合においては、行為者に対する措置を適正に行うこと。

ニ．改めて職場におけるパワーハラスメントに関する方針を周知・啓発する等の再発防止に向けた措置を講ずること（事実が確認できなかった場合も同様）。

④　①から③までの措置と併せて講ずべき措置

イ．相談者、行為者等のプライバシー保護のための措置を講じ、周知すること。

ロ．相談したこと、事実関係の確認等に協力したことを理由に、解雇その他不利益な取扱いを行ってはならない旨を定め、労働者に周知・啓発すること。

（4）カスタマーハラスメントへの対応

顧客と店舗との関係が、近年急激に変化する中で、顧客などが従業員に迷惑行為をする「カスタマーハラスメント」の問題が顕在化しています。

厚生労働省の2023年度調査[84]によると、過去3年間で顧客等からの著しい

84　厚生労働省「令和5年度職場のハラスメントに関する実態調査」（https://www.mhlw.go.jp/content/11909000/001259093.pdf）

迷惑行為の相談があった企業のうち、「件数が増加している」(23.2%) と回答した企業が「件数は減少している」(11.4%) とした企業を大幅に上回っています。また、相談件数の有無について、業種別に割合が高い上位三つの業種を見ると、「医療、福祉」(53.9%)、「宿泊業、飲食サービス業」(46.4%)、「不動産業、物品賃貸業」(43.4%) となっていますが、これらの業種の半分程度は過去3年間でカスタマーハラスメントを受けたことになります。

このように、昨今、新たな問題となっているカスタマーハラスメントへの対応についても、事業者は十分留意する必要があります。具体的な取組としては、発生時あるいは発生前の「相談体制の整備」、メンタルヘルス不調への相談対応や行為者に対して１人で対応させない等の「被害者への配慮のための取組」、マニュアルの作成や研修を実施する等の「被害防止のための取組」を実施する必要があります。

なお、2024 年 10 月、東京都で、全国初の「カスタマーハラスメント（カスハラ）」防止条例が成立しました（2025 年 4 月施行）。この条例では、カスハラの禁止を明記しましたが罰則はありません。条例ではカスハラを「顧客などから就業者に対する『著しい迷惑行為』であり『就業環境を害するもの』」と定義し、「何人も、あらゆる場において、カスハラを行ってはならない」と定めています。今後、マニュアル等が整備される予定ですが、これを受けて、他の地方公共団体も追随すると思われます。

3. セクシャルハラスメント

（1）職場におけるセクシュアルハラスメントとは

職場におけるセクシュアルハラスメントとは、「職場」において行われる、「労働者」の意に反する「性的な言動」に対する労働者の対応により、その労働者が労働条件について不利益を受けたり、「性的な言動」により就業環境が害されたりすることです。

性的な言動とは、性的な内容の発言及び性的な行動を指します。言動の例は次のとおりです。

【性的な言動の例】

①　性的な内容の発言 性的な事実関係を尋ねること、性的な内容の情報（噂）を流布すること、性的な冗談やからかい、食事やデートへの執拗な誘い、個人的な性的体験談を話すこと等。 ②　性的な行動 性的な関係を強要すること、必要なく身体へ接触すること、わいせつ図画を配布・掲示すること、強制わいせつ行為等。

なお、性的な言動を行う者は、事業主、上司、同僚に限らず、取引先等の他の事業主又はその雇用する労働者、顧客、患者又はその家族、学校における生徒等もなり得ます。男女とも行為者にも被害者にもなり得ますし、異性に対するものだけではなく、同性に対するものも該当します。

また、被害を受ける者の性的指向や性自認にかかわらず、「性的な言動」であれば、セクシュアルハラスメントに該当します。

（2）職場におけるセクシュアルハラスメントの内容

職場におけるセクシュアルハラスメントには「対価型」と「環境型」があります。

①　対価型セクシュアルハラスメント

「対価型セクシュアルハラスメント」とは、職場において行われる労働者の意に反する性的な言動に対する労働者の対応により、当該労働者が解雇、降格、減給等の不利益を受けることです。典型的な例は次のとおりです。

イ　事務所内において事業主が労働者に対して性的な関係を要求したが、拒否されたため、当該労働者を解雇すること。

ロ　出張中の車中において上司が労働者の腰、胸等に触ったが、抵抗されたため、当該労働者について不利益な配置転換をすること。

ハ　営業所内において事業主が日頃から労働者に係る性的な事柄について公然と発言していたが、抗議されたため、当該労働者を降格すること。

② 環境型セクシュアルハラスメント

「環境型セクシュアルハラスメント」とは、職場において行われる労働者の意に反する性的な言動により労働者の就業環境が不快なものとなったため、能力の発揮に重大な悪影響が生じる等当該労働者が就業する上で看過できない程度の支障が生じることです。典型的な例は次のとおりです。

イ 事務所内において上司が労働者の腰、胸等に度々触ったため、当該労働者が 苦痛に感じてその就業意欲が低下していること。

ロ 同僚が取引先において労働者に係る性的な内容の情報を意図的かつ継続的に流布したため、当該労働者が苦痛に感じて仕事が手につかないこと。

ハ 労働者が抗議をしているにもかかわらず、同僚が業務に使用するパソコンでアダルトサイトを閲覧しているため、それを見た労働者が苦痛に感じて業務に専念できないこと。

なお、セクシュアルハラスメントの状況は多様であり、判断にあたり個別の状況を斟酌する必要があります。また、「労働者の意に反する性的な言動」及び「就業環境を害される」の判断にあたっては、労働者の主観を重視しつつも、事業主の防止のための措置義務の対象となることを考えると一定の客観性が必要です。

一般的には意に反する身体的接触によって強い精神的苦痛を被る場合には、一回でも就業環境を害することとなり得ます。継続性又は繰り返しが要件となるものであっても、「明確に抗議しているにもかかわらず放置された状態」又は「心身に重大な影響を受けていることが明らかな場合」には、就業環境が害されていると判断し得るものです。また、男女の認識の違いにより生じている面があることを考慮すると、被害を受けた労働者が女性である場合には「平均的な女性労働者の感じ方」を基準とし、被害を受けた労働者が男性である場合には「平均的な男性労働者の感じ方」を基準とすることが適当です[85]。

85 前掲（注74） 2023年11月作成パンフレットNo.15 p.8より。

（3）セクシャルハラスメント問題に対する事業主の責務

男女雇用機会均等法11条の2第2項の規定により、事業主は、職場におけるセクシュアルハラスメントを行ってはならないことやパワーハラスメント問題に対する労働者の関心と理解を深めるとともに、他の労働者に対する言動に必要な注意を払うよう、研修の実施その他の必要な配慮をするほか、国の講ずる広報活動、啓発活動その他の措置に協力するように努めなければならないとしています。

また、事業主や法人の役員は、自らも、セクシュアルハラスメント問題に対する関心と理解を深め、労働者に対する言動に必要な注意を払うように努めなければならないとしています。

（4）セクシャルハラスメント防止のため事業主が講ずべき措置の内容

事業主はセクシャルハラスメントを防止するため、雇用管理上次の措置を講じなければなりません。

①　事業主の方針等の明確化及びその周知・啓発

イ　職場におけるセクシュアルハラスメントの内容及び職場におけるセクシュアルハラスメントを行ってはならない旨の方針を明確化し、管理監督者を含む労働者に周知・啓発すること。

ロ　職場におけるセクシュアルハラスメントに係る性的な言動を行った者については、厳正に対処する旨の方針及び対処の内容を就業規則その他の職場における服務規律等を定めた文書に規定し、管理監督者を含む労働者に周知・啓発すること。

②　相談（苦情を含む。以下同じ）に応じ、適切に対応するために必要な体制の整備

イ　相談への対応のための窓口（以下「相談窓口」という）をあらかじめ定め、労働者に周知すること。

ロ　相談窓口の担当者が、相談に対し、その内容や状況に応じ適切に対応できるようにすること。また、広く相談に対応すること。

③　職場におけるセクシュアルハラスメントに係る事後の迅速かつ適切な対

応

イ　事案に係る事実関係を迅速かつ正確に確認すること。

ロ　事実が確認できた場合には、速やかに被害を受けた労働者（被害者）に対する配慮の措置を適正に行うこと。

ハ　事実が確認できた場合においては、行為者に対する措置を適正に行うこと。

ニ　改めて職場におけるセクシュアルハラスメントに関する方針を周知・啓発する等再発防止に向けた措置を講ずること（事実が確認できなかった場合も同様）。

④　①から③までの措置と併せて講ずべき措置

イ　相談者、行為者等のプライバシー保護のための措置を講じ、周知すること。

ロ　相談したこと、事実関係の確認等に協力したことを理由に、解雇その他不利益な取扱いを行ってはならない旨を定め、労働者に周知・啓発すること。

4. ハラスメントの二次被害

ハラスメントの二次被害（「セカンドハラスメント」）とは、直接的なハラスメントの被害（一次被害）から派生した周囲の人の対応によって、被害者が再度傷ついてしまうことをいいます。

昨今、被害を受けた人たちが声を上げるようになりましたが、そのような勇気ある人たちが周囲からバッシングされたり、協力を得られなかったりする二次被害が後を絶ちません。この二次被害で体も心も病み、声を上げたことを後悔する人もいるのが現実です。

セクハラやパワハラなどのハラスメントにあった被害者が一度ハラスメントによる被害を受けたにもかかわらず、相談により二度目の被害を受けてしまうと、企業のハラスメント対策自体が問われることになります。セカンドハラスメントを放置すれば、企業は安全配慮義務違反の責任追及を受け、一次被害を上回る慰謝料、損害賠償などの請求を受けることとなります。

また、被害者は相談や申立て等がしづらくなり、結果として問題解決や発生防止が困難になります。さらには、加害者の態度を許容していくことになり、ハラスメント自体を許容する雰囲気をつくってしまいます。

したがって、ハラスメント被害に関する情報を得たり、相談を受けたりした場合には二次被害を与え得る言動を行ってはならないこと、また、二次被害を与え得る言動を行った者に対しては厳しい態度で臨むことが重要です。なお、二次被害を与え得る言動とは、「被害者に落ち度があったと責める」、「被害を矮小化する」、「加害者を擁護する」、「相談、問題化することを非難する」などの内容の言動を含みます[86]。

既に見てきたように、厚生労働省のハラスメント関連指針では、「ハラスメントが確認できた場合には、速やかに被害者に対する配慮の措置を適正に行うこと」、「相談者、行為者等のプライバシー保護のための措置を講じること」を掲げています。また、相談したこと、事実関係の確認等に協力したことを理由に、解雇その他不利益な取扱いを行ってはならないとしています。

これらの指針を意識した、職場のマインド醸成を心がけることが大切です。

《関係法令（抜粋）》

◉労働施策総合推進法（労働施策の総合的な推進並びに労働者の雇用の安定及び職業生活の充実等に関する法律）

（雇用管理上の措置等）

第30条の2　事業主は、職場において行われる優越的な関係を背景とした言動であって、業務上必要かつ相当な範囲を超えたものによりその雇用する労働者の就業環境が害されることのないよう、当該労働者からの相談に応じ、適切に対応するために必要な体制の整備その他の雇用管理上必要な措置を講じなければならない。

2　事業主は、労働者が前項の相談を行ったこと又は事業主による当該相談への対応に協力した際に事実を述べたことを理由として、当該労働者に対して解雇その

86　赤堀勝彦（2017）p.227を参考に記述

他不利益な取扱いをしてはならない。

◉男女雇用機会均等法（雇用の分野における男女の均等な機会及び待遇の確保等に関する法律）

（目的）

第１条 この法律は、法の下の平等を保障する日本国憲法の理念にのっとり雇用の分野における男女の均等な機会及び待遇の確保を図るとともに、女性労働者の就業に関して妊娠中及び出産後の健康の確保を図る等の措置を推進することを目的とする。

（基本的理念）

第２条 この法律においては、労働者が性別により差別されることなく、また、女性労働者にあっては母性を尊重されつつ、充実した職業生活を営むことができるようにすることをその基本的理念とする。

２ 事業主並びに国及び地方公共団体は、前項に規定する基本的理念に従って、労働者の職業生活の充実が図られるように努めなければならない。

（職場における性的な言動に起因する問題に関する雇用管理上の措置等）

第11条 事業主は、職場において行われる性的な言動に対するその雇用する労働者の対応により当該労働者がその労働条件につき不利益を受け、又は当該性的な言動により当該労働者の就業環境が害されることのないよう、当該労働者からの相談に応じ、適切に対応するために必要な体制の整備その他の雇用管理上必要な措置を講じなければならない。

２ 事業主は、労働者が前項の相談を行ったこと又は事業主による当該相談への対応に協力した際に事実を述べたことを理由として、当該労働者に対して解雇その他不利益な取扱いをしてはならない。

３ 事業主は、他の事業主から当該事業主の講ずる第１項の措置の実施に関し必要な協力を求められた場合には、これに応ずるように努めなければならない。

４ 厚生労働大臣は、前三項の規定に基づき事業主が講ずべき措置等に関して、その適切かつ有効な実施を図るために必要な指針（次項において「指針」という。）を定めるものとする。

５ 第４条第４項及び第５項の規定は、指針の策定及び変更について準用する。この場合において、同条第４項中「聴くほか、都道府県知事の意見を求める」とあるのは、「聴く」と読み替えるものとする。

（職場における性的な言動に起因する問題に関する国、事業主及び労働者の責務）

第11条の２ 国は、前条第１項に規定する不利益を与える行為又は労働者の就業環境を害する同項に規定する言動を行ってはならないことその他当該言動に起因する問題（以下この条において「性的言動問題」という。）に対する事業主その他国民一般の関心と理解を深めるため、広報活動、啓発活動その他の措置を講ずるように努めなければならない。

2　事業主は、性的言動問題に対するその雇用する労働者の関心と理解を深めるとともに、当該労働者が他の労働者に対する言動に必要な注意を払うよう、研修の実施その他の必要な配慮をするほか、国の講ずる前項の措置に協力するように努めなければならない。

3　事業主（その者が法人である場合にあっては、その役員）は、自らも、性的言動問題に対する関心と理解を深め、労働者に対する言動に必要な注意を払うように努めなければならない。

4　労働者は、性的言動問題に対する関心と理解を深め、他の労働者に対する言動に必要な注意を払うとともに、事業主の講ずる前条第１項の措置に協力するように努めなければならない。

（職場における妊娠、出産等に関する言動に起因する問題に関する雇用管理上の措置等）

第11条の3　事業主は、職場において行われるその雇用する女性労働者に対する当該女性労働者が妊娠したこと、出産したこと、労働基準法第65条第１項の規定による休業を請求し、又は同項若しくは同条第２項の規定による休業をしたことその他の妊娠又は出産に関する事由であって厚生労働省令で定めるものに関する言動により当該女性労働者の就業環境が害されることのないよう、当該女性労働者からの相談に応じ、適切に対応するために必要な体制の整備その他の雇用管理上必要な措置を講じなければならない。

2　第11条第２項の規定は、労働者が前項の相談を行い、又は事業主による当該相談への対応に協力した際に事実を述べた場合について準用する。

3　厚生労働大臣は、前二項の規定に基づき事業主が講ずべき措置等に関して、その適切かつ有効な実施を図るために必要な指針（次項において「指針」という。）を定めるものとする。

4　第４条第４項及び第５項の規定は、指針の策定及び変更について準用する。この場合において、同条第４項中「聴くほか、都道府県知事の意見を求める」とあるのは、「聴く」と読み替えるものとする。

◉育児・介護休業法（育児休業、介護休業等育児又は家族介護を行う労働者の福祉に関する法律）

（目的）

第１条　この法律は、育児休業及び介護休業に関する制度並びに子の看護休暇及び介護休暇に関する制度を設けるとともに、子の養育及び家族の介護を容易にするため所定労働時間等に関し事業主が講ずべき措置を定めるほか、子の養育又は家族の介護を行う労働者等に対する支援措置を講ずること等により、子の養育又は家族の介護を行う労働者等の雇用の継続及び再就職の促進を図り、もってこれらの者の職業生活と家庭生活との両立に寄与することを通じて、これらの者の福祉の増進を図り、あわせて経済及び社会の発展に資することを目的とする。

◉労働契約法

（目的）

第１条 この法律は、労働者及び使用者の自主的な交渉の下で、労働契約が合意により成立し、又は変更されるという合意の原則その他労働契約に関する基本的事項を定めることにより、合理的な労働条件の決定又は変更が円滑に行われるようにすることを通じて、労働者の保護を図りつつ、個別の労働関係の安定に資することを目的とする。

（労働者の安全への配慮）

第５条 使用者は、労働契約に伴い、労働者がその生命、身体等の安全を確保しつつ労働することができるよう、必要な配慮をするものとする。

◉民法

（債務不履行による損害賠償）

第415条 債務者がその債務の本旨に従った履行をしないとき又は債務の履行が不能であるときは、債権者は、これによって生じた損害の賠償を請求することができる。ただし、その債務の不履行が契約その他の債務の発生原因及び取引上の社会通念に照らして債務者の責めに帰することができない事由によるものであるときは、この限りでない。

（不法行為による損害賠償）

第709条 故意又は過失によって他人の権利又は法律上保護される利益を侵害した者は、これによって生じた損害を賠償する責任を負う。

（財産以外の損害の賠償）

第710条 他人の身体、自由若しくは名誉を侵害した場合又は他人の財産権を侵害した場合のいずれであるかを問わず、前条の規定により損害賠償の責任を負う者は、財産以外の損害に対しても、その賠償をしなければならない。

（使用者等の責任）

第715条 ある事業のために他人を使用する者は、被用者がその事業の執行について第三者に加えた損害を賠償する責任を負う。ただし、使用者が被用者の選任及びその事業の監督について相当の注意をしたとき、又は相当の注意をしても損害が生ずべきであったときは、この限りでない。

２ 使用者に代わって事業を監督する者も、前項の責任を負う。

３ 前二項の規定は、使用者又は監督者から被用者に対する求償権の行使を妨げない。

第15章 サイバーリスク

1. サイバーリスクの現状

(1) 高まるサイバーリスク

サイバーリスクとは、企業がサイバー攻撃を受けることによって被るリスクですが、主として、ネットワーク上で情報が流出することに伴い発生する損害です。近年、世界中で、あらゆる企業がコンピュータやインターネットを利用して企業活動を行っている中で、サイバーリスクの脅威は増大する傾向にあります。

国立研究開発法人情報通信研究機構（NICT）が運用している大規模サイバー攻撃観測網（NICTER）のダークネット観測[87]で確認された、2023年の総

[図表 15-1] NICTERにおけるサイバー攻撃関連の通信数の推移

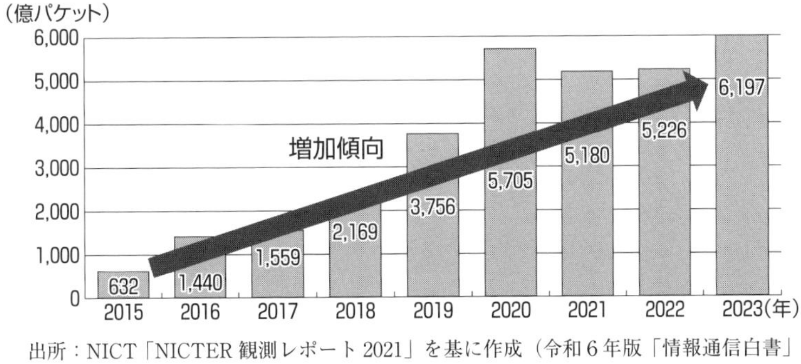

出所：NICT「NICTER観測レポート2021」を基に作成（令和6年版「情報通信白書」p.166より）。

87 インターネット上で到達可能かつ未使用のIPアドレス宛に届くパケットを観測する手法。未使用のIPアドレスであるため本来はパケットが観測されないはずであるが、実際にはサイバー攻撃に関連する探索活動（スキャン）や送信元IPアドレスを詐称したDDoS攻撃の跳ね返り（バックスキャッタ）等が多く観測される。このパケットを分析することにより、インターネット上で発生しているサイバー攻撃の兆候や傾向等を把握することができる（国立研究開発法人情報通信研究機構サイバーセキュリティ研究所「NICTER観測レポート2022」p.1より）。

観測パケット数（約 6,197 億パケット）は、2015 年（約 632 億パケット）と比較して 9.8 倍となっているなど、依然多くの観測パケットが届いている状態です。なお、2023 年は過去最高の観測数を記録しており、インターネット上を飛び交う観測パケットは 2022 年と比較して更に活発化している状況であるといえます[88]。

また、2023 年中の「不正アクセス行為の禁止等に関する法律」（以下「不正アクセス禁止法」という）違反事件の検挙件数は 521 件で、2022 年（522 件）とほぼ同数ですが、2021 年の 429 件と比較すると大幅な増加を示しており、相変わらずその発生は後を絶たない状況です[89]。

（２）サイバー攻撃の特徴

最近のサイバー攻撃は、犯罪組織等のいわゆるプロ集団によるものが多く、不正アクセスやサイバー攻撃を仕掛けてきます。近年、サイバー攻撃の手法や特徴も変化しており、金銭等を目的とした、計画的、悪質な手法となってきて

[図表 15-2] サイバーセキュリティ上の脅威の増大

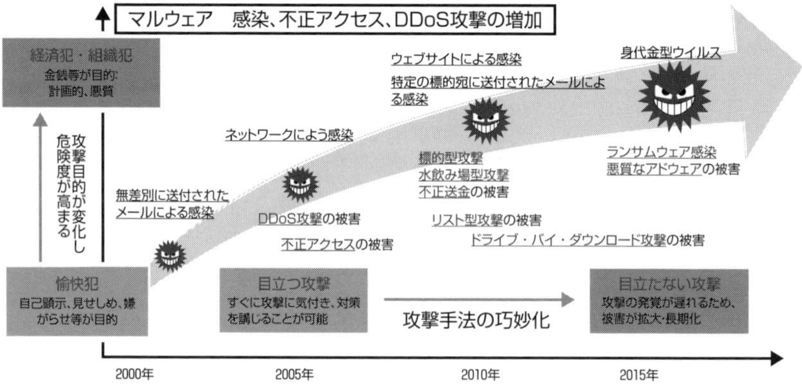

出所：総務省「サイバーセキュリティの現状と総務省の対応について」。
（https://www.soumu.go.jp/main_content/000467154.pdf）

---

88 令和 6 年版「情報通信白書」p.166 より。
89 警察庁・総務省・経済産業省（2024）「不正アクセス行為の発生状況及びアクセス制御機能に関する技術の研究開発の状況」令和 6 年 3 月 p.3 より。
（https://www.meti.go.jp/policy/netsecurity/240314_r5siryo.pdf）

いるため、サイバー攻撃の発覚が遅れ、被害が拡大・長期化することも珍しくありません。

インターネット等の情報通信技術は社会経済活動の基盤であると同時に、我が国の成長力の鍵でもありますが、昨今、サイバーセキュリティ上の脅威が悪質化・巧妙化し、その被害が深刻化してきています（[図表15-2]）。

なお、上図における攻撃についての用語の説明を以下に掲げておきます。

[図表15-3]　サイバーセキュリティに係る用語説明

用　語	説　明
マルウェア（Malware）	Malicious softwareの短縮語。コンピュータウイルスのような有害なソフトウェアの総称
DDoS攻撃	分散型サービス妨害攻撃（Distributed Denial of Service）のこと。多数の端末から一斉に大量のデータを特定宛先に送りつけ、宛先のサーバー等を動作不能にする攻撃
標的型攻撃	機密情報等の窃取を目的として、特定の個人や組織を標的として行われる攻撃
水飲み場型攻撃	標的組織が頻繁に閲覧するウェブサイトで待ち受け、標的組織に限定してマルウェアに感染させ、機密情報等を窃取する攻撃
リスト型攻撃	不正に入手した他者のID・パスワードをリストのように用いてWebサービスにログインを試み、個人情報の窃取等を行う攻撃
ランサムウェア（Ransomeware）	身代金要求型ウイルスのこと。感染端末上にある文書などのファイルが暗号化され、暗号解除のためには金銭を要求される。
アドウェア（Adware）	広告表示によって収入を得るソフトウェアの総称。狭義には、フリーウエアと共にインストールされ、ブラウザー利用時に広告を自動的に付加するソフト

出所：総務省「サイバーセキュリティの現状と総務省の対応について」。

警察庁の2023年12月調査報告[90]によると、過去に受けたことのある被害状況の上位（5%以上の回答）には、「ランサムウェアによる業務影響

（17.8%）」、「フィッシングサイトの開設（14.4%）」、「電子メールの不正中継（不正送信）（14.4%）」、「インターネットバンキング不正送金（11.1%）」、「端末機器（パソコン、スマートフォン等）の盗難（10.0%）」、「ウイルス以外の情報流出（8.9%）」、「システム損壊等による業務妨害（6.7%）」、「ホームページの改ざん（5.6%）」、「偽サイト等模倣サイトの開設（5.6%）」となっています。「ランサムウェアによる業務影響」が 17.8%と最も高くなっていますが、様々な手口による被害が発生していることが分かります。

また、IPA が発表している「情報セキュリティ 10 大脅威 2024」（2024 年２月）では、次のような脅威を公表しています（「第９章情報漏洩リスク」を再掲）。サイバーセキュリティが電磁的方式により記録された情報を対象にしているのに対し、情報セキュリティでは紙媒体も保護の対象としています。

[図表 15-4]　組織における情報セキュリティ 10 大脅威 2024（再掲）

順　位	「組織」向け脅威
1	ランサムウェアによる被害
2	サプライチェーンの弱点を悪用した攻撃
3	内部不正による情報漏えい等の被害
4	標的型攻撃による機密情報の窃取
5	修正プログラムの公開前を狙う攻撃（ゼロデイ攻撃）
6	不注意による情報漏えい等の被害
7	脆弱性対策情報の公開に伴う悪用増加
8	ビジネスメール詐欺による金銭被害
9	テレワーク等のニューノーマルな働き方を狙った攻撃
10	犯罪のビジネス化（アンダーグラウンドサービス）

出所：独立行政法人情報処理推進機構セキュリティセンター「情報セキュリティ 10 大脅威 2024」P.7。

サイバー攻撃の目的は、政治目的や金銭目的などで、攻撃の対象は、国家機密や知的財産、個人情報を所有している政府関係機関や企業などの組織体で

90　警察庁サイバー警察局 サイバー企画課「不正アクセス行為対策等の実態調査 アクセス制御機能に関する技術の研究開発の状況等に関する調査　調査報告書」2023 年 12 月（調査期間：2023 年８月 23 日（水）（発送日）～９月 15 日（金）（締切日））

す。社会インフラ、生産設備、サプライチェーンなどネットに接続するものであればあらゆるものがその対象となりえます。

2. 情報セキュリティ対策

サイバーリスクから企業を守るためには、情報漏洩からの保護が最も重視されるところです。したがって、サイバーリスクマネジメントを実施する上では、情報セキュリティを確保することが重要となります。

総務省の「国民のためのサイバーセキュリティサイト」[91]では、企業経営者に対する、サイバーリスクマネジメントの考え方を公表しています。以下では同サイトを参考に、情報セキュリティ対策の概要を説明します。

（1）情報セキュリティ対策の必要性

企業や組織におけるネットワークの利用は、利便性の向上に伴い、その運営に不可欠なものとなっています。一方で、情報システムへの依存により、従来以上の大きなリスクを抱えることになりました。

情報システムの停止による損失、顧客情報の漏洩による企業や組織のブランドイメージの失墜など、情報セキュリティ上のリスクは、企業や組織に大きな被害や影響をもたらします。また、その被害や影響は自社だけでなく、取引先や顧客をはじめとしたステーク・ホルダーへも波及します。

したがって、企業や組織にとって、情報セキュリティに対するリスクマネジメントは重要な経営課題の一つと考えなければなりません。特に、個人情報や顧客情報などの重要情報を取り扱う場合、これを保護することは企業や組織の社会的責務であるといえます。

今日、情報セキュリティ対策は、世界的にも重要な経営課題であると認識されており、情報セキュリティ製品・システム評価基準（ISO/IEC15408[92]）や情

91　総務省「国民のためのサイバーセキュリティサイト」（https://www.soumu.go.jp/main_sosiki/cybersecurity/kokumin/security/business/executive/01/）

報セキュリティマネジメントシステムの認証基準（ISO/IEC27001[93]）が、国際標準として規格化されています。情報セキュリティ対策の重要度が高まるにつれて、日本国内においても、これらの国際基準を採用する企業が増えてきています。

（２）情報セキュリティポリシーの策定

企業の情報資産を情報セキュリティの脅威から守るために、情報セキュリティポリシーを策定する必要があります。

このポリシーを策定する際にもっとも大切なことは、担当者、体制、手順をあらかじめ検討しておくことです。また、ポリシーは、企業や組織の代表者が

［図表 15-5］ 情報セキュリティマネジメント体制図

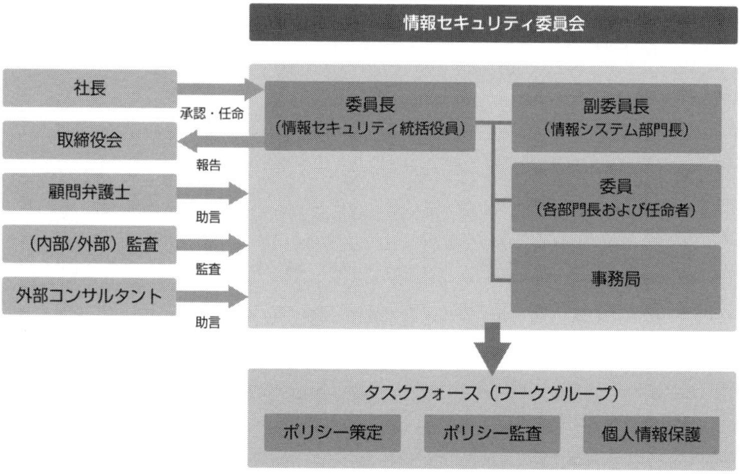

出所：総務省 国民のためのサイバーセキュリティサイトより。
（https://www.soumu.go.jp/main_sosiki/cybersecurity/kokumin/security/business/executive/01/）

---

92 情報技術セキュリティの観点から、情報技術に関連した製品及びシステムが適切に設計され、その設計が正しく実装されていることを評価するための国際標準規格

93 情報セキュリティマネジメントシステム（ISMS）に関する国際規格。情報の機密性・完全性・可用性の三つをバランスよくマネジメントし、情報を有効活用するための組織の枠組みを示している。日本品質保証機構ホームページより。
（https://www.jqa.jp/service_list/management/service/iso27001/）

施行するものであり、代表者や幹部が策定の作業自体にも関わるような体制を作ることが重要です。

さらに、ポリシーを策定し運用するには、責任者を明確にして、策定に携わる人材を組織化することが必要です。この組織の活動内容がポリシーの策定・運用の成果に大きく影響します。また、ポリシーの品質を高めるため、外部のコンサルタントや法律の専門家に参加を依頼することなども検討します。

（3）情報セキュリティポリシーの見直し

情報セキュリティポリシーは、運用を開始した後も、社員や職員の要求や社会状況の変化、新たな脅威の発生などに応じて、定期的な見直しが必要です。また、必要に応じてポリシーを改訂しなければなりません。この作業を継続的に繰り返すことが、情報セキュリティ対策の向上に役立ちます。

以下のような情報セキュリティマネジメントの実施サイクル（PDCA サイクル）によって、実態に沿った内容になっているかどうかを常にチェックし、見直し、改善を図ることが大切です。

① 計画（Plan）

情報資産の洗い出しを行い、リスクや課題を整理し、組織や企業の状況に合った情報セキュリティ対策の方針を定めた情報セキュリティポリシーを策定する。

② 導入・運用（Do）

策定した情報セキュリティポリシーを全社員・全職員に周知し、必要に応じて集合研修などの教育を行う。社員・職員が同ポリシーに則って行動することで、目的とする情報セキュリティレベルの維持を目指す。

③ 点検・評価（Check）

情報セキュリティ上のリスクは様々な要因によって変化するため、常に最新の情報セキュリティ関連の情報を収集する。そして、収集した情報や現場の状況、問題点などを参考にして、現在のポリシーの内容に不足している項目がないかどうかを評価する。また、遵守されているかどうかの監査も行う。

④ 見直し・改善（Act）

点検・評価の内容を参考にして、ポリシーの見直し・改善を行う。

情報セキュリティポリシーは、企業や組織の状況、新たな脅威、新しい法律の施行など、社会的な状況に応じて定期的に見直さなければなりません。上記のサイクルを継続的に実施することで、常に適切なものにしておくことが可能です。

［図表15-6］ 情報セキュリティマネジメントの実施サイクル（PDCAサイクル）

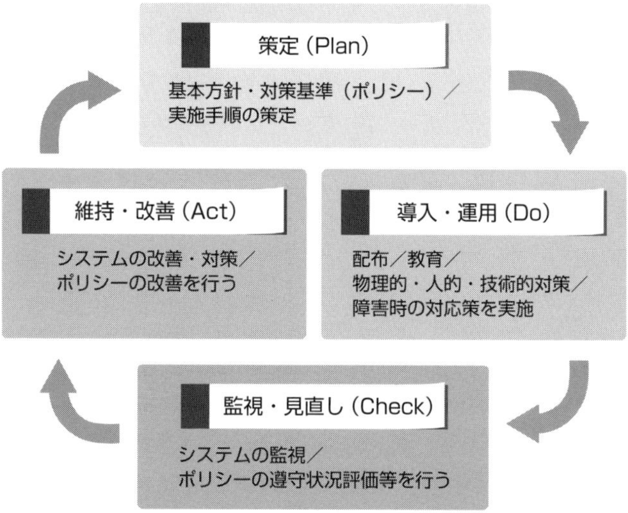

出所：総務省　国民のためのサイバーセキュリティサイトより。
（https://www.soumu.go.jp/main_sosiki/cybersecurity/kokumin/security/business/executive/01/）

3. サイバーセキュリティ経営ガイドライン

経済産業省と独立行政法人情報処理推進機構では、大企業及び中小企業（小規模事業者を除く）の経営者を対象に、経営者のリーダーシップの下で、サイバーセキュリティ対策を推進するため、「サイバーセキュリティ経営ガイドライン Ver 3.0[94]」を公開しています。同ガイドラインは、経営者のリーダーシップを重視し、サイバー攻撃から企業を守るための3原則と重要10項目を掲げています。

以下では、同ガイドラインに基づきサイバーセキュリティ対策の概要を述べます。

（1）経営者が認識すべき3原則

同ガイドラインでは、経営者は、以下の3原則を認識し、対策を進めることが重要であるとしています。

【経営者が認識すべき3原則】

① 経営者は、サイバーセキュリティリスクが自社のリスクマネジメントにおける重要課題であることを認識し、自らのリーダーシップのもとで対策を進めることが必要

経営者はリーダーシップをとってサイバー攻撃のリスクと企業への影響を考慮したサイバーセキュリティ対策を推進するとともに、企業の事業継続のためのセキュリティ投資を実施すべきである。

② サイバーセキュリティ確保に関する責務を全うするには、自社のみならず、国内外の拠点、ビジネスパートナーや委託先等、サプライチェーン全体にわたるサイバーセキュリティ対策への目配りが必要

自社のサイバーセキュリティ対策にとどまらず、在来形の部品調達などの形態や規模にとどまらないクラウドサービスの利用等のデジタル環境を介した外部とのつながりの全てを含むサプライチェーン全体を意識し、総合的なサイバーセキュリティ対策を実施すべきである。

③ 平時及び緊急時のいずれにおいても、効果的なサイバーセキュリティ対策を実施するためには、関係者との積極的なコミュニケーションが

94　経済産業省・独立行政法人情報処理推進機構「サイバーセキュリティ経営ガイドライン Ver 3.0」2023年10月31日

必要
平時から社外の利害関係者（株主、顧客等）はもとより、社内の関係者（CIO 等セキュリティ担当者、事業担当責任者等）に事業継続に加えてサイバーセキュリティ対策に関する情報開示を行うことなどで信頼関係を醸成し、インシデント発生時にもコミュニケーションが円滑に進むよう備えるべきである。

出所：「サイバーセキュリティ経営ガイドライン Ver 3.0」p.5。

（２）サイバーセキュリティ経営の重要10項目

経営者は、以下の重要10項目について、サイバーセキュリティ対策を実施する上での責任者や担当部署（CISO、サイバーセキュリティ担当者等）への指示を通じて組織に適した形で確実に実施させる必要があります。これらは、単なる指示ではなく、組織のリスクマネジメントの責任を担う経営者が、自らの役割としてリスク対策に関する実施方針の検討、予算や人材の割当、実施状況の確認や問題の把握と対応等を通じてリーダーシップを発揮することが含まれるとし、10項目の指示事項を掲げています。

【サイバーセキュリティ経営における10項目指示事項】

＜経営者がリーダーシップをとったセキュリティ対策の推進＞
（サイバーセキュリティリスクの管理体制構築）
指示１：サイバーセキュリティリスクの認識、組織全体での対応方針の策定
指示２：サイバーセキュリティリスク管理体制の構築
指示３：サイバーセキュリティ対策のための資源（予算、人材等）確保
（サイバーセキュリティリスクの特定と対策の実装）
指示４：サイバーセキュリティリスクの把握とリスク対応に関する計画の策定
指示５：サイバーセキュリティリスクに効果的に対応する仕組みの構築
指示６：PDCA サイクルによるサイバーセキュリティ対策の継続的改善

（インシデント発生に備えた体制構築）
指示７：インシデント発生時の緊急対応体制の整備
指示８：インシデントによる被害に備えた事業継続・復旧体制の整備
<サプライチェーンセキュリティ対策の推進>
指示９：ビジネスパートナーや委託先等を含めたサプライチェーン全体の状況把握及び対策
<ステークホルダーを含めた関係者とのコミュニケーションの推進>
指示10：サイバーセキュリティに関する情報の収集、共有及び開示の促進

出所：「サイバーセキュリティ経営ガイドライン Ver 3.0」p.14。

《関係法令（抜粋）》

◉不正アクセス行為の禁止等に関する法律

（目的）

第１条　この法律は、不正アクセス行為を禁止するとともに、これについての罰則及びその再発防止のための都道府県公安委員会による援助措置等を定めることにより、電気通信回線を通じて行われる電子計算機に係る犯罪の防止及びアクセス制御機能により実現される電気通信に関する秩序の維持を図り、もって高度情報通信社会の健全な発展に寄与することを目的とする。

◉サイバーセキュリティ基本法

（定義）

第２条　この法律において「サイバーセキュリティ」とは、電子的方式、磁気的方式その他人の知覚によっては認識することができない方式（以下この条において「電磁的方式」という。）により記録され、又は発信され、伝送され、若しくは受信される情報の漏えい、滅失又は毀損の防止その他の当該情報の安全管理のために必要な措置並びに情報システム及び情報通信ネットワークの安全性及び信頼性の確保のために必要な措置（情報通信ネットワーク又は電磁的方式で作られた記録に係る記録媒体（以下「電磁的記録媒体」という。）を通じた電子計算機に対する不正な活動による被害の防止のために必要な措置を含む。）が講じられ、その状態が適切に維持管理されていることをいう。

◉刑法

（不正指令電磁的記録作成等）

第168条の２　正当な理由がないのに、人の電子計算機における実行の用に供する

目的で、次に掲げる電磁的記録その他の記録を作成し、又は提供した者は、3年以下の懲役又は50万円以下の罰金に処する。

一　人が電子計算機を使用するに際してその意図に沿うべき動作をさせず、又はその意図に反する動作をさせるべき不正な指令を与える電磁的記録

二　前号に掲げるもののほか、同号の不正な指令を記述した電磁的記録その他の記録

2　正当な理由がないのに、前項第1号に掲げる電磁的記録を人の電子計算機における実行の用に供した者も、同項と同様とする。

3　前項の罪の未遂は、罰する。

（不正指令電磁的記録取得等）

第168条の3　正当な理由がないのに、前条第1項の目的で、同項各号に掲げる電磁的記録その他の記録を取得し、又は保管した者は、2年以下の懲役又は30万円以下の罰金に処する。

（電子計算機損壊等業務妨害）

第234条の2　人の業務に使用する電子計算機若しくはその用に供する電磁的記録を損壊し、若しくは人の業務に使用する電子計算機に虚偽の情報若しくは不正な指令を与え、又はその他の方法により、電子計算機に使用目的に沿うべき動作をさせず、又は使用目的に反する動作をさせて、人の業務を妨害した者は、5年以下の懲役又は100万円以下の罰金に処する。

2　前項の罪の未遂は、罰する。

（公用文書等毀棄）

第258条　公務所の用に供する文書又は電磁的記録を毀棄した者は、3月以上7年以下の懲役に処する。

（私用文書等毀棄）

第259条　権利又は義務に関する他人の文書又は電磁的記録を毀棄した者は、5年以下の懲役に処する。

◉個人情報保護法

「第10章個人情報漏洩リスク」掲載の条文参照

第16章 風評リスク

1. 風評リスクとその影響

風評リスク（reputational risk）とは、企業に対するネガティブな評価・評判が世の中に周知されることにより、企業イメージが悪化し、その結果として事業に対する直接・間接の損失を被る可能性のことをいいます。このネガティブな評価・評判が、例えば、企業不祥事による場合であっても、根拠のない誹謗中傷であっても、いずれの場合も企業にダメージを与え得るものです。特に、近年はSNSの普及などに伴い流布される速度が速く、これをコントロールすることが非常に困難になってきています。

風評リスクが発生すると、顧客や取引先の信用を失い、売上が低下し収益の減少を招きます。また、これらに伴う信用力の低下は、金融機関からの資金調達や仕入れ先からの仕入れが困難になるなど企業の存続自体を危うくする場合もあります。さらに、人材の流出や、株式公開企業であれば、株価の下落を招くこともあります。金融機関の場合は、預金の取り付け騒ぎとなり、営業停止に追い込まれることもあり得ます。

なお、第3章で金融機関の風評リスクについて述べたように、風評リスクは抱えるリスク全体に対して存在するものです。すなわち、これまでに説明した個別のリスクについて問題が発生すると、それが流布されることにより発生します。

2. 風評リスク対策

前述のように、風評リスクは、企業の不祥事リスクや製造物責任リスク、ハラスメントのリスクなど個別のリスクと密接な関係があります。すなわち、これらのリスクの顕在化から派生的に発生するリスクであるといえます。したがって、このようなリスク対策を講じることが、そのまま風評リスク対策につながります。発生後は、事実を隠ぺいすることなく、迅速に積極的な情報発信を行い、早期解決を図ることが重要です。

一方、事実無根の風評被害が発生する場合があります。

風評被害（harmful rumor）とは、「ある事件・事故・環境汚染・災害が大々的に報道されることによって、本来『安全』とされる食品・商品・土地を人々が危険視し、消費や観光をやめることによって引き起こされる経済的被害」[95]と定義されます。

風評被害は、関係者が想定した時点で被害が成立することから、容易に避けることができないものといえます。その事前対策は困難を極めますが、発生した場合にどのような対策を実施するかについてマニュアルを整備するなど、事前に対策を講じておくことが重要です。また、問題となる報道などに対して、日常的に敏感に反応するというマインドを醸成する必要があります。さらに、風評に基づく、誤った行為に発展しないように、日頃から株主、消費者、取引先、従業員、などのステークホルダー（stakeholder）とのコミュニケーションを密にし、適時適切に説明責任を果たしていくことが重要です。

Column

「風評被害」の発生メカニズム

関谷直也氏は「風評被害」の発生メカニズムの特徴を次のようにまとめています。

〔1〕「人々は安全か危険かの判断がつかない」「人々が不安に思い商品を買わないだろう」と市場関係者・流通業者が想定した時点で、取引拒否・価格下落という経済的被害が成立する。

〔2〕「経済的被害」「人々は安全か危険かの判断がつかない」「人々の悪評」を政治家・事業関係者、科学者・評論家、市場関係者が考える時点で「風評被

95 関谷直也（2003）「風評被害の社会心理―風評被害の実態とそのメカニズム―」4.結論より。

害」が成立する。この時点でいわば「『人々の心理・消費行動』を想像することによる被害」である。

〔3〕①経済的被害、②事業関係者・科学者・評論家・市場関係者の認識、③街頭インタビューの「人々の悪評」などが報道され、社会的に認知された「風評被害」となる。

〔4〕報道量の増大に伴い、多くの人々が「危険視」による「忌避」する消費行動をとる。事業関係者・市場関係者・流通業者の「想像上の『人々の心理・消費行動』」が実態に近づき、「風評被害」が実体化する。

（関谷直也・前掲（注 95）論文より。）

Column

豊川信用金庫事件

豊川信用金庫事件は、全くのデマが、信用金庫を破綻させかねない事態となった有名な事件です。

1973 年 12 月、愛知県で「豊川信用金庫が倒産する」というデマが流れたことから取り付け騒ぎが発生し、短期間（2 週間弱）で約 14 億円もの預貯金が引き出され、同金庫が破綻の危機に瀕した事件です。なお、「取り付け騒ぎ」とは、金融機関の信用低下により、顧客が預金の払い出しが困難になることを恐れて預金を引き出すために銀行窓口に殺到するパニックのことをいいます。

デマの発端は、列車内で、豊川信用金庫に就職が決まっていた友人に、別の女子高生が「信用金庫は危ないよ」と冗談を言ったことです。そして、これを真に受けた女子高生が知人に話し、その後、人から人へと拡散されるうちにどんどん誇張されていき、最終的には豊川信用金庫がまもなく倒産するという話に発展します。

その後、このうわさが原因となり、多額の預金の引き出しが始まりましたが、同信金がこのデマをいくら否定しても信じてもらえませんでした。そして、取り付け騒ぎの発生により大混乱となり、前述のように多額の預金が引き出されました。これに対して、日本銀行や全国信用金庫連合会などが、全くのデマであることを世間に知らしめる対策を講じ、ようやく収束に向かいました。

事実無根のうわさであっても、それが誇張されて広まり、収集がつかなくなる事例として頻繁に取り上げられています。

なお、同様の事件が2003年に発生しています。これは、2003年12月25日未明に「佐賀銀行がつぶれるそうです」というチェーンメールが発生し、同日の営業時間より取り付け騒ぎが発生した事件です。もちろん、事実無根のデマですが、この取り付け騒ぎにより、引き出し・解約されたりした預金は約500億円に上るとされます。

《関係法令（抜粋）》

◉刑法

（信用毀損及び業務妨害）

第233条　虚偽の風説を流布し、又は偽計を用いて、人の信用を毀損し、又はその業務を妨害した者は、3年以下の懲役又は50万円以下の罰金に処する。

◉民法

（不法行為による損害賠償）

第709条　故意又は過失によって他人の権利又は法律上保護される利益を侵害した者は、これによって生じた損害を賠償する責任を負う。

（財産以外の損害の賠償）

第710条　他人の身体、自由若しくは名誉を侵害した場合又は他人の財産権を侵害した場合のいずれであるかを問わず、前条の規定により損害賠償の責任を負う者は、財産以外の損害に対しても、その賠償をしなければならない。

【主要参考文献】

赤堀勝彦（2017）『リスクマネジメント入門－今リスクの時代を生き抜くために－』保険教育システム研究所
有馬敏則（2012）『内外経済経営リスクとリスク管理』滋賀大学経済学部研究叢書第 47 号
石川清英（2022）『事例からみた地域金融機関の信用リスク管理－営業現場における健全な融資判断－〔改訂版〕』きんざい
石川清英（2024）『家計と人生設計のためのパーソナルファイナンスとリスクマネジメント』保険毎日新聞社
稲葉陽二（2017）『企業不祥事はなぜ起きるのか』中公新書
インターリスク総研（2010）『実践リスクマネジメント〔第 4 版〕－事例に学ぶ企業リスクのすべて－』経済法令研究会
上田和勇（2016）『ビジネスレジリエンス思考法』同文館出版
大森勉（2021）『経営戦略マネジメント－理論と実践－』ミネルヴァ書房
亀井利明・亀井克之（2009）『リスクマネジメント総論〔増補版〕』同文舘出版
川田恵昭（2018）『津波被害－減災社会を築く〔増補版〕』岩波書店
企業会計審議会（2023a）「財務報告に係る内部統制の評価及び監査の基準並びに財務報告に係る内部統制の評価及び監査に関する実施基準の改訂について（意見書）」（2023 年 4 月 7 日）
企業会計審議会（2023b）「財務報告に係る内部統制の評価及び監査の基準」（2023 年 4 月 7 日）
金融庁（各年度）「金融検査マニュアル」
金融庁（2018）「コンプライアンス・リスク管理に関する検査・監督の考え方と進め方（コンプライアンス・リスク管理基本方針）」
金融庁（2019）「金融システムの安定を目標とする検査・監督の考え方と進め方（健全性政策基本方針）」
経済産業省商務情報政策局情報セキュリティ対策室編（2005）『事業継続計画（BCP）策定ガイドライン－高度 IT 社会において企業が存続するために－』財団法人経済産業調査会
経済産業省・独立行政法人情報処理推進機構（2023）「サイバーセキュリティ経営ガイドライン Ver 3.0」
警察庁サイバー警察局サイバー企画課（2023）「不正アクセス行為対策等の実態調査 アクセス制御機能に関する技術の研究開発の状況等に関する調査　調査報告書」令和 5 年 12 月
厚生労働省（2015）「労働者の心の健康の保持増進のための指針」（健康保持増進のための指針公示第 6 号）
酒井泰弘（2003）「リスクの経済学について」滋賀大学紀要彦根論叢第 342 号 pp.1 － 29
独立行政法人情報処理推進機構セキュリティセンター（2024）「情報セキュリティ 10 大脅威 2024」
杉野文俊（2009）「企業リスクマネジメントの史的展開に関する一考察－保険プロフェッ

ションと会計プロフェッションの役割について－」
関谷直也（2003）「風評被害の社会心理－風評被害の実態とそのメカニズム－」
総務省（2024）「令和６年版情報通信白書」
田中恒夫（2007）『監査論概説〔第８版〕』創成社
田中正博（2009）『実践自治体の危機管理〔改訂新版〕』時事通信社
中央防災会議（2016）「大規模地震防災・減災対策大綱」
中小企業庁（2012）「平成24年度版中小企業BCPの策定促進に向けて－中小企業が緊急事態を生き抜くために－」
千代田邦夫（2009）『現代会計監査論』税務経理協会
社団法人日本監査役協会 ケース・スタディ委員会（2003）「企業不祥事防止と監査役の役割」
社団法人日本監査役協会ケース・スタディ委員会（2009）「企業不祥事の防止と監査役」
公益社団法人日本監査役協会ケース・スタディ委員会（2018）「企業不祥事の防止と監査役等の取組－最近の企業不祥事事案の分析とアンケート結果を踏まえて－ 」
社団法人日本経済団体連合会（2003）「企業の地震対策の手引き」
野口悠紀雄（2000）『金融工学、こんなに面白い』文藝春秋
平田直（2016）『首都直下地震』岩波書店
ピーター・バーンスタイン著；青山護訳（2001）『リスク：神々への反逆』上巻（日経ビジネス人文庫）日本経済新聞社
若杉明（2018）「日本企業の不祥事の特質」LEC会計大学院紀要諸井勝之助先生追悼号 pp.53-66,
Donald Ray Cressey（1971）“Other People's Money: Study in the Social Psychology of Embezzlement（the Wadsworth Series in Analytical Ethnography）”, Patterson Smith.

厚生労働省「職場におけるハラスメント関係指針」
（https://www.mhlw.go.jp/content/11900000/000595059.pdf）
個人情報保護委員会ホームページ
（https://www.ppc.go.jp/index.html）
総務省「サイバーセキュリティの現状と総務省の対応について」
（https://www.soumu.go.jp/main_content/000467154.pdf）
総務省 「国民のためのサイバーセキュリティサイト」
（https://www.soumu.go.jp/main_sosiki/cybersecurity/kokumin/security/business/executive/01/）
中小企業庁（2012）「中小企業BCP策定運用指針第２版－どんな緊急事態に遭っても企業が生き抜くための準備－」
（https://www.chusho.meti.go.jp/bcp/download/bcppdf/bcpguide.pdf）
中小企業庁「中小企業BCP策定運用指針－緊急事態を生き抜くために－」
（https://www.chusho.meti.go.jp/bcp/contents/level_c/bcpgl_01_1.html）
東京都防災ホームページ
（https://www.bousai.metro.tokyo.lg.jp/bousai/1000929/1000305.html）
内閣府防災情報のページ（https://www.bousai.go.jp/）

事項索引

あ 行

か 行

さ 行

た 行

な 行

は 行

ま 行

や 行

ら 行

わ 行

A～

著者紹介

石川 清英（いしかわ　きよひで）

1978年横浜市立大学文理学部卒業、2011年滋賀大学大学院経済学研究科博士後期課程修了。
1978年伏見信用金庫（現京都中央信用金庫）入庫。2001年退職。高見（株）、関西さわやか銀行（現関西みらい銀行）、（株）ABM（現フューチャー（株））の部長職等を経て、2007年大阪信用金庫入庫。執行役員・事務管理部長、同・融資部第一部長、同・管理部長を歴任。2024年3月退職。
現在滋賀大学経済経営研究所客員研究員、滋賀大学経済学部、神戸学院大学法学部非常勤講師。
博士（経営学）、MBA、CIA（公認内部監査人）、宅地建物取引士
2017年9月日本リスクマネジメント学会「優秀著作賞」受賞

（著書）
『地域金融機関のＡＢＣ原価計算』（共著）近代セールス社2007年
『信用金庫職員のための経済金融ガイド』（共著）全国信用金庫協会2009年版から2012年版
『信用金庫破綻の教訓－その本質と経営行動－』日本経済評論社2012年
『事例からみた地域金融機関の信用リスク管理―営業現場における適切な融資判断―』〔改訂版〕きんざい2022年
『家計と人生設計のためのパーソナルファイナンスとリスクマネジメント』保険毎日新聞社2024年

（論文等）
「判別分析による問題信用金庫の財務特性について」『信金中金月報』第９巻第４号2010年
「不動産融資に傾斜する信用金庫」『週刊金融財政事情』2013年４月８日号
「信金貸出業務のトランザクションバンキング化を憂う」『週刊金融財政事情』2013年７月１日号
「信金業界における賃貸不動産業向け融資の現状と課題」『週刊金融財政事情』2016年４月11日号
他論文、『週刊金融財政事情』『近代セールス』『バンクビジネス』等実務書への執筆多数

入門 リスクマネジメント論
―多様化するリスクにどう立ち向かうか―

著　　者	石　川　清　英
発 行 日	2025年4月21日
発 行 所	株式会社保険毎日新聞社 〒110-0016　東京都台東区台東4-14-8 シモジンパークビル2F TEL 03-5816-2861／FAX 03-5816-2863 URL https://www.homai.co.jp/
発 行 人	森　川　正　晴
カバーデザイン	吉　村　朋　子
印刷・製本	モリモト印刷株式会社

ISBN978 - 4 - 89293 - 486 - 5